晨练健身系列丛书之四

力量晨练

［美］安妮特·朗　著

张册　张晓利　等译

人民体育出版社

谨以本书献给斯科特，
你随时可以分享我的蔬菜水饺！

序言

感谢

肌肉图

第一部分　准备 ……………………………………（1）

1　开启你新一天的能量 ………………………（3）

2　你的训练环境 …………………………………（17）

3　选择你的运动器械 ……………………………（25）

4　让肌肉开始运动 ………………………………（33）

5　逐步完善你的训练计划 ………………………（53）

第二部分　每日训练计划 ……………………………（71）

6　20分钟训练 ……………………………………（73）

目 录

7 30 分钟训练 ……………………………（85）

8 45 分钟训练 ……………………………（97）

9 60 分钟训练 ……………………………（107）

第三部分 晨练 ……………………………………（119）

10 上半身训练 ……………………………（121）

11 核心力量练习 …………………………（157）

12 下半身训练 ……………………………（181）

作者简介 …………………………………………（207）

序 言

早晨很忙碌，而且时间很宝贵。如果你想拥有一个高效率的早晨，那么把有效的训练列入你繁忙的早晨日程表中，能给你带来很好的效果，《力量晨练》就是这样一本书。自从我在1983年进入健身行业以来，我就帮助过成千上万的人通过训练达到他们的目标。这套书包括你自己计划和定制的训练日程，还根据你可利用的时间和具体力量训练目标来提供很多的训练选择。私人教练会针对你设计一些对你的生活方式和目标真正起作用的东西，这本书就包括这样的健身计划。另外，这本书也在其他领域提供训练支持，例如营养和水合作用，休息，如何选择正确的器材来实现你的目标，创造一个训练空间来完成你早晨的日程安排等。

本书分为三部分。第一部分帮助你的健身计划建立基础，它是通过提供优选你的早晨训练的不同方面的信息来实现的。第1章详述了给你的日常生活带来充足能量的生活方式。有充足睡眠的建议、有营养和水合作用的推荐（一些可能会使你惊奇），还有在你看起来似乎会有麻烦的早晨，能够激励你的一些方法。本章将提供给你要做出聪明选择所需的知识和洞察力，为你的早晨安排做好准备——并且一整天都精力充沛。

第2章讲述的是晨练时的场所——家，体育馆，还是户外。如果你在家，或者也可以把它归类为体育馆，就可以完全解决训练问题，在居住的地方找一个活动空间，能为你在繁忙的早晨节省宝贵时间。本章就讲述了如何创造一个既舒适又高效的训练空间。它的内容包括从呼吸新鲜空气的益处到在哪存放你的器械。一套建立家庭体育馆所需器械的名单，还有，如果有需要，如何为日常工作做简单变动的指导。同时也讲述了在运动场，你如何进行大量训练，怎样在你的训练中获得技巧。

你会使用缆绳、自由重量器械、器材，或者你自己的体重来挑战你的肌肉吗？这些选择又有何区别？它们会对你选择训练有何影响？第3章内容涵盖了适合你早晨力量训练的各种器材。本章对这些器材的每个类型的利弊和如何安全有效地使用它们做出了解释。如果你需要的器材无法获得时，你要学会如何使用其他器材来代替，以便你总能很好地进行训练。

第4章讲述的是使用综合训练技术来帮助你的身体进行晨练，书上的一些内容是和市场上同类型的其他书籍不一样。谈论适当的矫正和正确姿势是很重要的。讲解关节和肌肉的整体性，并演示怎样使你的关节保持平衡。伸展筋骨，放松肌肉和矫正训练帮助你的身体发挥最好的功能。在你睡了整夜之后，早晨要考虑的一件重要事情就是在你关节允许的健康范围内舒展筋骨。放松肌肉有着同样的目的。矫正训练以正确的顺序来加强肌肉训练，以便你的身体的其他部分不会拉伤受损。早晨训练也要求有充分和有效的热身准备，本章给你提供了与你现在可能还在做着的传统热身准备不同的四种选择。传统准备是对心血管的训练——重复许多次，就像以缓慢的速度和一种很糟糕的姿势骑一辆固定式自行车。在第4章讲述的综合准备使你的身体的所有部分一起工作来改进你身体的协调能力，这样将使你的举重训练更加高效。他们真正能使你血液流动，为你的早晨日程提供所需能量。他们也保证你得到一种安全训练，活动关节，挑战不同运动来为综合力量训练做准备。

第5章为了不用浪费时间和力气就能为你确定训练目标和达到目标提供基本信息。很多人的力量训练计划不成功，是因为他们忘记作计划。当你早晨训练时，时间是非常重要的。你正在向目标迈进，需要正确地了解要怎样做才能达到目标。本章将通过提供相关信息来帮助你制定训练计划，比如说，你应该举多少重量，怎样根据你的目标来定训练强度。你要清楚地知道怎样做简单的变动会使训练或多或少具有挑战性，但是也有经常被忽略的健身组成成分，例如平衡。

书的第二部分集中讲训练本身。第6章至第9章介绍实际训练的场所，为你早晨日程安排提供多种选择。这部分根据训练的时间来分组。第6章列出20分钟的活动量、第7章列出30分钟的活动量、第8章列出45分钟的活动量、第9章列出60分钟的活动量。每个章节包含五种训练——每一种训练都针对力量、大小、耐力、能量和一般健康状况和健身展开。依第5章所述，根据你的训练目标来选择训练的种类，可依据你时间是否充裕和你早晨的感觉来选择训练时间的长短。

第三部分针对在第二部分由个体练习组成的训练进行了详尽的描述。第10章阐述的是上体的训练，第11章阐述的是身体核心的训练，第12章阐述下体的训练。在这些章节里，有相当多的内容是同时训练上体和下体肌肉的练习。使用不同的器材训练就有不同的几个版本。例如，有使用哑铃、管材、缆绳或者器材的。你选用哪种器材取决于你的个人目标和你所能利用上的器材。选用不同的器材训练，可以在你需要改变训练时，很容易地用一种器材代替另一种。另外，除了对每一练习进行清楚的解释之外，这些章节还附有照片，来对每一步骤进行图解，以便于确定你姿势是否正确。

无论你是个为早晨安排寻找新观念的有经验的运动者，还是想为你的力量训练目标做指导的新人，这本书提供的训练项目都能适合你的需求。如果你要寻找一本参考书帮助你发展自己的综合力量训练计划，并在早晨进行高效率的训练，则《力量晨练》将是你不错的参考书。

感　谢

　　在健身房的工作是我拥有的唯一一份真正的工作。虽然我知道我一直想在这个领域发展,但也是辗转反复很多年,我才拥有现在的工作,并且我有很多人要感激。

　　我的父母给我灌输了很强的工作理念,虽然他们总是不能完全明白我在健身房是做什么的,但他们总能支持我,并被我的事业和努力所感动。我的兄弟姐妹是最棒的!

　　简斯维利健康和健身中心的乔·瑟儒勒,简和所有的伙计们帮助我,使我认识到"推广"并不是一个贬义词,而是和人们交流的机会,并帮助他们找到动机,在健康和健身方面做出积极的改变。纽约艾魁诺科斯健身俱乐部的老板艾斯魁尔聘用了我,他在我成为私人教练的道路上起了指导作用。我对他表示由衷地感谢。我也在瑞保科大学工作过,在那里我遇到了很多优秀的人,并学到了很多关于服务健身专家的知识。最后,我还要感谢消费者。我感谢斯蒂芬尼·蒙特哥摩瑞在瑞保科大学对我的私人训练教育课程的支持。很荣幸遇到了格蕾·库克,他教给我如何评估人们的运动,以及丰富我作为一个教师和教练的技能。

　　我要感谢在这几年中遇到的曾经帮助过我,使我成为更好的教育者的那些经理、业主和私人教练们。我同样要感谢我的顾客——那些想改善他们的身体状况并因此提高生活品质的人们。

　　我在布鲁克林的朋友们不断让我想到,为什么我是兴高采烈的,但不是健身狂热者。我喜欢健身带来的乐趣,但我并不单为健身而生存。我会使用并感谢运动和训练在我的余生带给我的帮助,而不是适得其反的效果。我有个很简单的愿望就是帮助人们多做运动并让他们感觉越来越好。

　　最后,我要感谢出版社给我这个机会出版这本书实现我的理想。感谢萨瑞·库珀曼给我的启示。让我们运动起来吧!

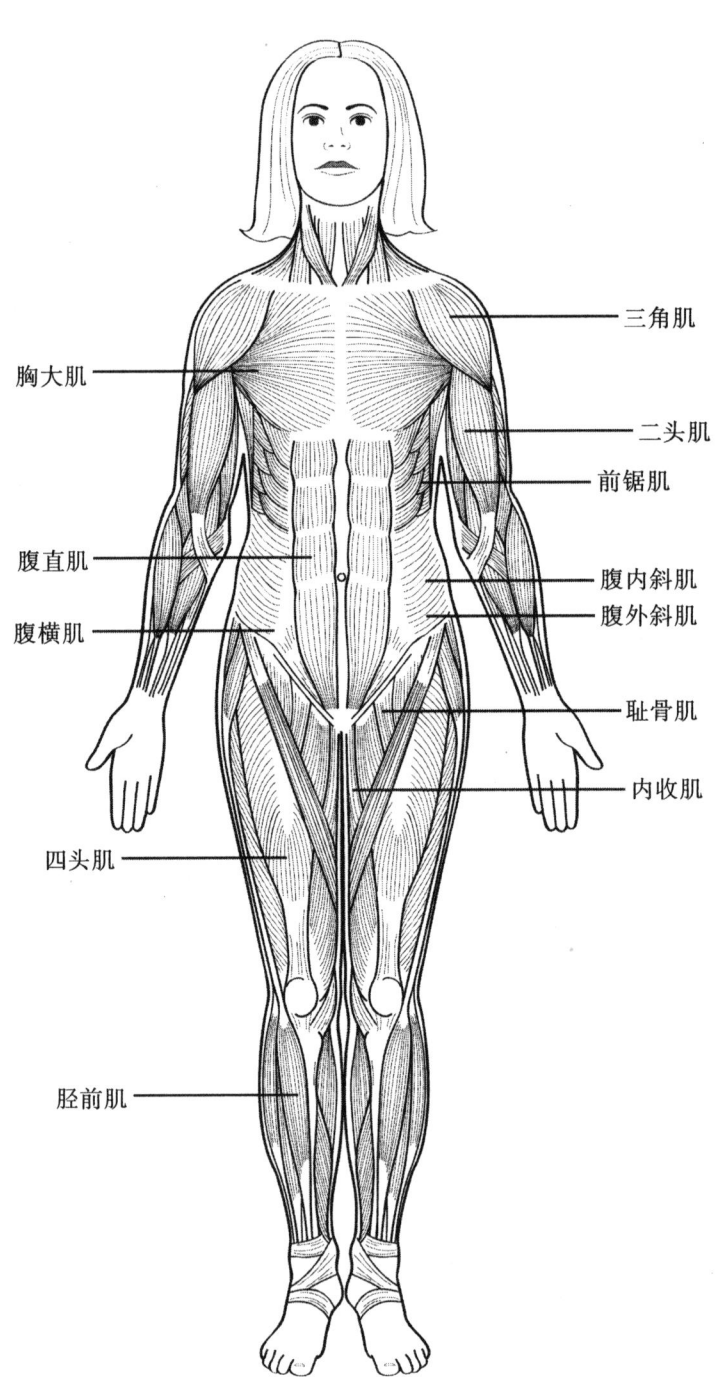

肌肉图

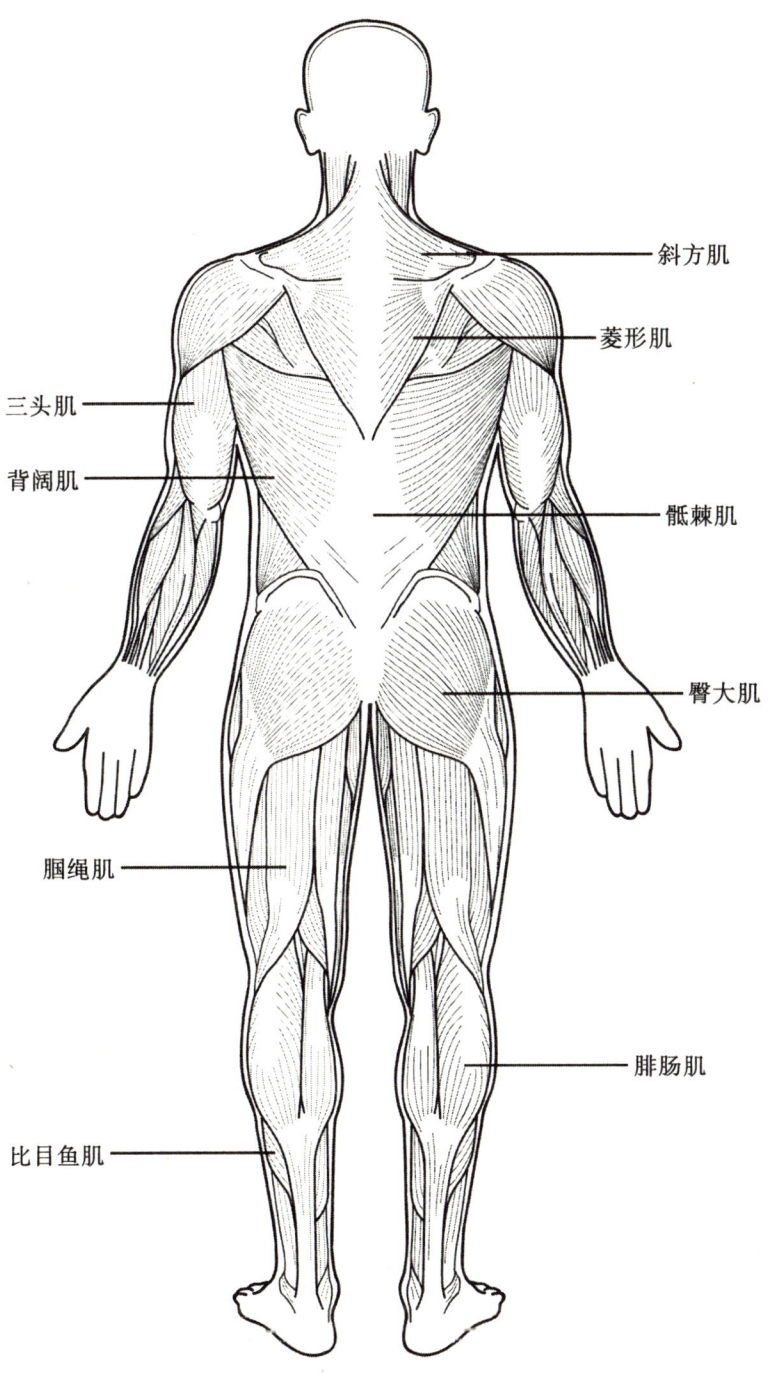

第一部分

准 备

1 开启你新一天的能量 ································ 3

2 你的训练环境 ······································· 17

3 选择你的运动器械 ································· 25

4 让肌肉开始运动 ···································· 33

5 逐步完善你的训练计划 ··························· 53

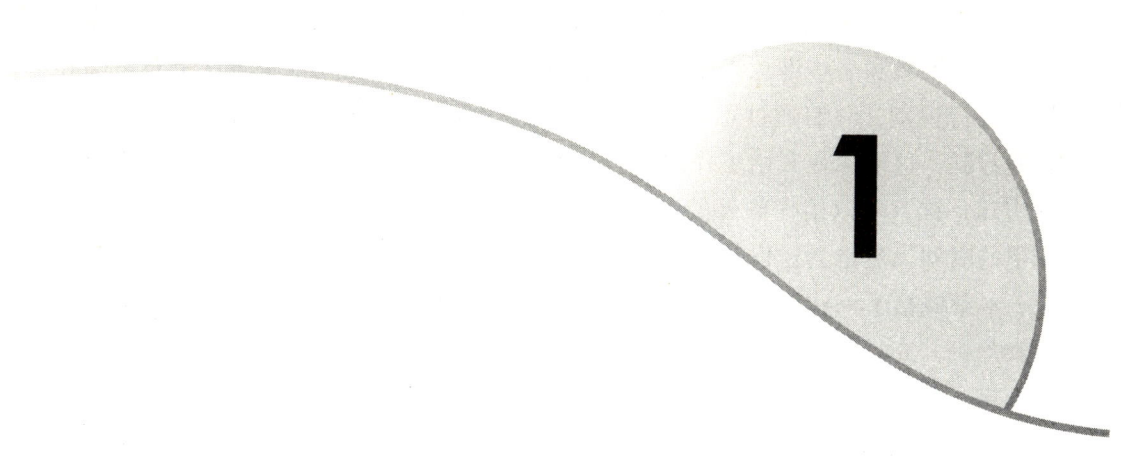

开启你新一天的能量

作为一名晨练者,你或许已经克服了许多困难的阶段——开始时需要不断激励自己才能坚持,最终发现能真正说服自己的理由,晨练与日常工作也不再是相互冲突了;也可能你刚刚开始晨练。不论是哪种情况,这本书将有助于你形成一种实用的、高效的、有趣的训练习惯。

研究发现经常训练有很多好处。不管是在一天中的什么时间训练,对我们的健康都是有益的。这包括:降低血压、增加高密度脂蛋白(HDL)、减少低密度脂蛋白(LDL)、促进新陈代谢、更好地调节血糖水平、增强心智能力、营造好的心情、强健关节、增加骨密度。

那么为什么有些人喜欢晨练,有些人不喜欢呢?可能你也会发现有一些人,他们更喜欢在一天中的晚些时候收拾好东西去训练,而不会考虑在早晨来做这些事情。一个人一天中的能量模式水平取决于一个人的生物组成。如果你喜欢早起工作,那么你很可能是一个早起型的人,而不是夜猫子型的。你通常在早上很容易醒来,不需要依赖闹钟。早上精力旺盛,工作时警惕性高,比较反感夜猫子型的同事。你喜欢在早上做有挑战性的工作,而一天中的较晚时间会让你感到疲惫,不容易集中注意力。如果你有这些情况,这些特质可以帮助你成为一名成功的晨练者。

你应该在醒来后认真思考并做一个对你有积极意义的决定，以此来提高自尊、自我形象和一些潜意识的观念（记住，潜意识并不能在抽象意义上对正确和错误进行识别，只有通过思考尤其是行动进行强化）。进行晨练可以证明你可以自我控制，这使你在开始工作之前有一种成就感。这种积极的态度在一天中就像滚雪球一样，可以给你额外的动力来完成有挑战性的工作。以成功开始的一天，剩下的时间当然也会让你斗志昂扬。

本章概括了一些使你保证晨练成功性的重要因素，包括睡眠、营养、水、压力和动机。充足的睡眠是第一个话题，从某种意义上说，晨练就需要早晨必须按时起床。我们都知道充足睡眠的重要性，但并不意味着睡眠形式的重要。随着探索的深入，我们发现睡眠的质量和数量是由白天许多生活方式因素共同影响的。

本章也从一般意义上和具体意义上讨论了营养是如何影响晨练的。如何对食物和饮料做出最好的选择，在训练前、中、后需要注意哪些事项。当你以健康的方式进行饮食时，就会有一种健康感，并且在训练、工作和其他活动中表现较好。

本章也讨论了动机和压力。晨练如何帮助你成功地应付一天中所遇到的压力事件？当遇到一些急性压力源（如重大生活变化、非常有挑战性或者使人心烦的情境）时该怎么办？顺利地度过这些困难阶段而不暂停或停止训练是非常重要的。如果你理解训练尤其是晨练的益处，你就有动力克服日常生活中的各种压力事件，以及其他一些人生中必须经历的重大事件。

睡眠和日常习惯

毫无疑问，睡眠对于人的身体是相当重要的，但我们很容易对它视而不见。毕竟我们不用时刻去想它，它只是自然发生的现象。如果你没有看到睡眠的重要性，可以想想失眠对你的影响，你可能就体会到一个好的睡眠的意义了。

我们可以把睡眠看做是身体休息、修复、成长的时间。在白天，你的身体一直忙于需要完成的工作，而没有时间来进行恢复；你的免疫系统一直同细菌、感染、毒素、疲劳以及其他白天遇到的事情做斗争。由于你触摸物体、呼吸空气、摄取变质的食物，都可能感染细菌或者病毒，所有这些压力源的积累可以激活本能的战斗或者逃跑反应，让身体做好应对这些压力因素的准备，如心率加快、血压升高。为了使你的身体做好应对压力的准备，它会刺激荷尔蒙如皮质醇的分泌，导致胆固醇在血流中更易于流动。这一过程使脂肪沉淀物更容易附着于血管壁上，增加了你患心脏病或者罹患其他疾病的危险性。外在的压力也可以使你的细胞疲劳，使它们更容易发炎，也可能引起心脏病和其他潜在的问题。白天会有很多压力作用于你的身体，而你通常不会关注它们。而你所关注的事情更容易使你疲惫，如工作、家庭和财务责任等。白天我们所经历的压力是持久的，身体很难复原，这样睡眠就可以发挥作用了。睡眠是身体修复白天产生的损伤、增强保护能力的时间。一个好的睡眠后，你的身体就做好了开始新一天工作的准备。

好的睡眠对你接下来的一天也有很多益处。如果你想喝杯咖啡或者吃些甜点来提高你的能量，休息好了可以使你更容易达到这些目标。比如说，在工作了一天之后，除了坐在电视机或电脑前好几个小时之外，你可能还有更多的能量使你从生理和心理上感到可以再做一些活跃的事情，如出去散步或者去电影院看场电影。

如果你要晨练，就需要高质量的睡眠，这样你的训练计划才不会因为你不能按时起床或者总是感到精力不支而妥协。晨练可以让你感到精神振奋，为了使之发挥最大的作用，你需要决定如何做才能使你获得高质量的睡眠。

那么，睡多长时间才合适呢？你可能经常听说是7~8小时，这是一个平均时间。事实上，你可能只需要6个小时就可以睡个好觉，而有些人则需要8~9小时才能睡个好觉。你可能发现有时早上，你很容易就能起床，而且也感觉精神振奋。而有时早上，你可以起床，然后训练，感觉也不错。最后还有一种情况是，你的睡眠有些不足，早上不想起床训练，一天中的感觉总是昏昏欲睡。因此，如果不记录下在三种不同类型早晨之前你都睡了多久，也就无法确定对你而言合适的睡眠时间是多长。判断你睡眠是否充足的一个方法是：早上你是否需要闹钟才能醒来。如果你睡眠充足，可能你不需要闹钟就可以自然醒来。反过来，你也可以通过观察平静地坐着时多久可以入睡来监控你是否有睡眠不足。如果你一坐下来或者停止运动时就入睡——如在火车上或者汽车上（其他人在驾驶）——那么你很可能就是睡眠不足。

生活中的许多因素都与睡眠有关，仔细观察一下那些影响你能量水平的因素可以帮助你分析哪些习惯对你的睡眠有益，哪些需要做些调整。这样可以帮助你最大程度发挥晨练的作用。你可以在2~4周的时间里对这些因素仔细记录，然后你就可以观察到它们之间是什么模式（在第5章有一个日志模版可以让你较好地观察）。记录每天你睡觉和起床的时间，在一天中的四个时间点（起床、中午、3:00 p.m.、8:00 p.m.）你感觉如何和你的能量水平（高、中等、低、非常低），还有每天其他的一些生活方式（如用餐、喝饮料、压力源和压力水平、社交活动、休闲活动和健身活动等）。

当你观察这些记录的时候，你就会发现你的睡眠、日常习惯和一天中不同时间的能量是如何相互影响的。比如，如果你总是在下午的中间阶段感到能量较低，也总是认为这是由于你前一天晚上没有休息好。通过分析观察记录可能会发现这种情况一般只在没有吃午饭的情况下发生，这样的时候你可能会吃块巧克力来提高你的能量水平。在这种情况下，你的能量偏低并不是完全由于晚上没有休息好造成的，而是没有吃午餐降低了血糖水平的缘故。对日常生活方式记录有助于鉴别出与此类似的一些消极循环以及其他潜在的问题。如果你因此调整了你的时间表和生活习惯，那么你将在晨练和接下来一整天的工作中都会精力充沛和高效率。对你的习惯进行几周的记录和分析之后，你就会发现适合自己的最佳方式。

尽管有时我们做了很大努力，但是晚上还是无法入睡。幸运的是，我们可以做下面这些事情来放松我们的身体和心理，为我们的睡眠做好准备。

● **仔细选择食物和饮料**。如果睡前吃得太多，你的胃就会因太胀而让你感到很不舒服，从而导致入睡困难。睡前吃的太多也会降低你的睡眠质量，因为你的身体必须进行工作来消化这些食物。使用咖啡因和酒精也会影响你的睡眠质量。如果你睡眠有问题，察看你的记录可能就会发现你或许在下午或者晚饭后喝了咖啡（或者其他含咖啡因的饮料，如可乐或红茶）。如果是这种情况，晚餐时喝些不含咖啡因的饮料可能会有所帮助。一些草本茶不含咖啡因，如甘菊，可以让你在床上感到放松。许多人也喜欢热牛奶，因为它可以舒胃，而且也含有色氨酸，它是一种可以使我们昏昏欲睡的氨基酸。酒精可以使人更容易入睡，但也会由于酒精的作用消除而使你半夜醒来，并且很难再次入睡。半夜醒来打破了你的自然睡眠节律，早上也不会让你有精力充沛的感觉。因此，再次强调对习惯的记录可以使你发现适合自己的最好方式。

● **回避压力源**。在睡前不要观看强感官刺激的电视节目或者电影，它们会激活你的心理活动，使你血压升高心跳加速。同样地，睡前从事有高难度的工作也不利于睡眠。睡前也不能剧烈运动，那样可以加快你的代谢活动而不是让你感到放松。相反，你可以尝试这样一些技术，如深呼吸、冥想和第四章提到的一些方法。

● **放松你的感官**。你可能发现忙碌了一天之后洗个热水澡能够让你很放松。也可以尝试一些薰香或蜡烛能否让你感觉平静或者昏昏欲睡。有些人喜欢使用薰衣草油或者精华油香味扩散的芳香疗法来进行放松。

● **创造一个安静的环境**。你睡觉的房间也会影响你晚上的睡眠。尽量让你的卧室只用来睡觉，不看电视或者工作。如果你在卧室办公，晚上睡觉前你可能会不止一次查看 e-mail。从心理学角度讲，让房间与安静和睡觉形成联系而不是与压力性的工作形成联系可以让你感到更放松。如果街道上的灯光可以通过穿过窗户照进来，使用一些深色的窗帘也会对你有所帮助。这些窗帘也应该很容易打开，这样可以在早上让光线透进来。调整你的睡眠习惯适应自然的明暗交替将会使你更容易在早上起床进行晨练。

你周围的噪音水平也会影响到你的睡眠。一些人需要有些背景噪音，如电视和收音机的噪音，才能入睡。你可能发现这样很放松，但可能会在晚上把你吵醒。如果你可以把电视或者收音机设置为 60 分钟自动关机，这样可能有助于你入睡和整个晚上都睡着。另外一个小建议就是可以播放一些舒缓的音乐代替传统的广播。最近，轻盈的波浪声和其他宜人的大自然的声音非常流行。

当事情没有像你预期的那样进行，因为某些原因你可能没有睡好，你也不需要烦躁。本书的第6章到第9章对你的训练进行了设计，这样你可以调整第二天早上的计划。如果你起床比你预期得晚，如果你计划要进行60分钟的力量训练，那么你就可以只做30或45分钟。又比如，你想进行高强度训练，但由于你晚上没有休息好没有能量做这样一种训练，那么你就可以把力量训练改为耐力训练，也可以选择一般的健身方式。建议你在做健身活动时不要进行得太累，一定要在不能继续训练之前停止运动，这样可以使要求降低。你可以把它们看做是维持性训练——不需要太努力，但能维持你的一般健康与力量水平。这本书所提供的不同训练方式都可以帮你达到一些最主要的目标，这在整个训练计划中都是保持一致的。

营养和水

营养是你的能源。如果给你的身体提供最好的、足够的能源，那么它将运行良好。可以把你的身体想象成一辆汽车，如果你使用最好的汽油，维持足够的能量，它就会以最好的状态行驶。

你的食谱是什么？我用食谱来定义"用餐习惯"，并不是来帮你如何进行减肥。对于最佳的用餐方式、不同类型的食物需要多少有许多不同的理论。许多健康组织与医学会，包括美国食品药品管理局均建议用餐方案应该基于这样一个比例：大约60%的碳水化合物、30%的脂肪（饱和脂肪不超过1/3）和10%的蛋白质。这样就可以计算出如果每天食用2000卡路里的热量，那么目标就应该是1200卡路里（60%）来自碳水化合物，不超过600卡路里（30%）来自脂肪（其中不超过200卡路里的饱和脂肪），200卡路里（10%）来自蛋白质。

碳水化合物、脂肪、蛋白质被称为常量营养元素，它为维持身体正常机能（不管是静止的还是活动的）提供所必需的能量，也就是说为你的骨骼、大脑和其他器官的发育和正常工作提供能量和原料。你可能认为所推荐热量的30%来自脂肪可能偏高，事实上，美国的一些健康组织经过多年努力才使美国人的脂肪食用量降低到这个水平。使用少于30%的脂肪（尤其是非饱和脂肪相对较高）确实对健康有好处，使用较低水平脂肪的食谱有助于减缓心脏病的发展，但却很难维持。

运动的人比不运动的人需要更多的卡路里，但运动的人是否比不运动的人需要更多的常量营养元素，专家们还是有争议的。就碳水化合物、脂肪、蛋白质的比例而言，还没有有效的证据表明需要哪种比例高些。一个马拉松运动员可能需要额外的碳水化合物，因为身体需要能量资源来维持心血管活动。然而，如果有意消耗较高比值的碳水化合物、蛋白质反而可能阻碍运动表现，因为肌肉没有得到维持强壮所必需的蛋白质。因此，马拉松运动员食用更多的含有肉沙司的面食，这样除了有足够碳水化合物来供给运动消耗外，也从蛋白质和脂肪中获取了卡路里。一个有竞争力的举重运动员可能会发现蛋白质摄入量接近 $1g/(kg$ 体重) 会使他更加有力量，这同目前 $0.8g/(kg$ 体重) 的指导标准有了一点提高，但这与较高体重所允许的食谱标准还是很接近的。运动的人总体上需要更多的卡路里，但并没有具体针对某种类别。

接下来让我们分别了解一下健康食谱的不同成分，以及健康摄食如何具体地影响晨练的效果。

碳水化合物

碳水化合物的基本组成单位是糖，由碳、氢、氧组成，称为单糖。相互连结的单糖个数决定是单糖还是多糖，淀粉和纤维素是由许多单糖连接在一起形成的碳水化合物。1g 碳水化合物包含 4 卡路里热量。复杂形式的多糖在食物中以天然的、未提炼的状态存在，而单糖是食物经过不同方式加工的产物。碳水化合物是大脑和身体机能运作的重要能源，因此发挥着非常重要的作用。

在过去的几十年，人们从不同角度对碳水化合物进行了研究，许多著名的食谱如阿特金斯和南部海岸方案使人们对碳水化合物引发了前所未有的关注。阿特金斯食谱背后的理论是如果你维持摄入非常低的碳水化合物，那么你的身体将燃烧脂肪作为燃料，因此可以减肥。这种食谱的问题在于身体每天都需要碳水化合物作为燃料，大脑的正常运行更是需要碳水化合物，而脂肪不是身体的第一选择能源。而且，为了能够有效地燃烧脂肪还需要低水平的碳水化合物。有个比喻说"脂肪在碳水化合物的火焰中才能燃烧"，从生理学上也是可以说得通的。摄入极低碳水化合物食谱的另一个局限就是，当没有足够的碳水化合物时，机体除了使用脂肪外，还会分解蛋白质进行能源补充。蛋白质也不是身体基本能源的第一选择，将蛋白质分解作为能源也会给肾脏和肝脏带来重要负担，这种状态身体维持不了多久。

在对碳水化合物进行分类时，从多糖还是单糖的角度进行分类会更容易理解。这取决于碳水化合物在体内被分解的速度有多快，一般用食物的血糖指数分数作为指标。为了更好的理解，我们可以拿苹果来举例。一个完整的苹果包含果皮，当你食用苹果时，果皮和果肉都需要被降解。这样就降低了身体将苹果碳水化合物转变为单糖葡萄糖的速率，因此完整苹果的血糖指数低。如果把苹果削皮做苹果酱，果皮的去除意味着一些纤维素的丢失，这样食物就更易于加工，或者说已经被预加工过了，身体不需要进行非常复杂的降级过程，因此苹果酱的血糖指数要高于未去皮的苹果。现在，如果把苹果榨成汁然后去除果肉，这样的终产物更容易被加工，因此苹果汁的血糖指数是最高的。

纯糖的血糖指数为100，因为身体不需要进一步降解。因此食用纯糖会导致血糖快速升高，这样会导致忽高忽低的能量变化，如果你食用加工过的富含单糖的食物（如一些饭桌上常有的糖果）就可能会察觉这种现象，你的能量似乎升高了一会儿然后突然消失，吃了一些甜食时又会升高。加工较少的碳水化合物含有更多的天然纤维素成分，需要更长的时间进行降解，因此有较低的血糖指数。我们应该知道的一个基本原则是：食物的加工过程越少，血糖指数越低，对我们越有利。碳水化合物的较好选择是糙米、全麦面包和面食、水果和蔬菜。有时候早上你可能会食用一些高血糖指数的食物来迅速提高能量进行训练，事实上这并不是一个好主意。理由是，一些健康的饮食习惯可以为你晨练做好准备，这些我们会在后面的章节讨论。

纤维素是碳水化合物的一种形式，取自于植物，是叶、茎、根和果皮、果肉以及谷壳的主要结构。没有经过很多加工的植物中含有大量的纤维素成分，同其他营养物质不同，纤维素是不可消化的，和我们在苹果那个例子中看到的一样，它可以降低新陈代谢速率。它在你的肠里就像扫帚一样，帮助你的消化系统进行内部清理。纤维素在消化过程中保留了大量的水分，因此让你在较长的时间都感觉很饱。如果你想减肥，这是一个好的建议。使用大量的纤维素（25~30g/天）可以让你白天不觉得饿，而且也能保持结肠健康。

脂　肪

脂肪，或者脂质，是另外一种健康所必需的常量营养元素。你需要脂肪来维持毛发和皮肤健康，为你的主要器官提供胰岛素，运输可溶于脂肪的维生素A、D、E、K。脂肪是你食谱中的一种重要能源，即使你不愿自己身体上有太多的脂肪。每克8卡路里的热量使它成为一种重要的能量资源。如果你被困在一个荒岛上，身上有多余的脂肪可以让你活得更久。

与碳水化合物分子一样，一个脂肪分子也是由碳、氢、氧组成。不过脂肪比碳水化合物有更高的碳氧比，这就是术语"饱和"和"不饱和"脂肪的由来。饱和脂肪就是氢原子是饱和的——有足够多的氢原子。而不饱和脂肪有少于最大值的氢原子数。总的来说，你可以认为饱和脂肪就是常温下的固体脂肪，如动物油和椰子、棕榈油。饱和脂肪可以提高血液中的胆固醇水平，增加患动脉硬化症的危险。动脉硬化症指胆固醇在血管内壁聚集、沉淀、结块，这反过来又增加血压，就是说血液需要比理想状态更大的推力才能通过血管壁。由于健康问题与饱和脂肪的摄入有关，因此建议你摄入的大部分脂肪应该是不饱和的。如植物油、轻榨优质橄榄油、果仁、豆类等。最近人们也开始关注一些鱼的脂肪，在这些鱼（如沙丁鱼、鲑鱼）身上发现的 Ω-3 脂肪有助于阻止血管壁上血凝块的形成，也对调节心律有益。此外，最近也发现这些脂肪对于降低体内的炎症水平有重要作用。炎症会促进脂肪在血管壁沉积和关节周围恶化，可能会导致关节炎。

最近几年反式脂肪在健康领域也受到了很大关注，反式脂肪是为了提高产品的保存期限而把非饱和脂肪转变为饱和脂肪。从非饱和脂肪到饱和脂肪的化学变化发生了很多分子变化。反式脂肪具有天然饱和脂肪的一切缺点，反式脂肪可增加人体"不良胆固醇"，增加患心脏病的风险，而非饱和脂肪则可以增加高密度脂蛋白（高密度脂蛋白通过清除血管壁上较厚的低密度脂蛋白胆固醇，然后转移到肝脏进行分泌，以这种方式抵抗心脏病）。反式脂肪在食物标签上标为"部分氢化油"。制造商必须在他们的产品中列出反式脂肪的含量，已经有很多制造商这么做了。因此应该尽量避免食用人造脂肪。

前面已经说过，每天食用的饱和脂肪应该不超过卡路里总量的10%，所有类型的脂肪应该不超过卡路里总量的30%。我们用前面的一个例子来具体地说明每天你应该食用多少脂肪。假设我们每天需要2000卡路里来维持目前体重，那么30%应该是600卡路里。就是说所有类型的脂肪不超过600卡路里，饱和脂肪不超过200卡路里。每克脂肪有9卡路里，所以你的每天总脂肪摄入量为66g，只有23g的饱和脂肪。如果我们思考一下比较流行的炸鸡和速食中的脂肪含量（通常一顿饭的脂肪含量就超过了推荐的日摄入总量），因此也不奇怪我们的社会中有如此多的超重和不健康的人。

作为能源的脂肪并不等同于位于你上腹部和臀部贮存的脂肪，可以把你贮存的脂肪认为是你食用但没有使用的卡路里。蛋白质和碳水化合物吃得过多时也会以脂肪的形式贮存。在健身行业里对此有一个误解，"脂肪燃烧计划"鼓励大家在心肺适能运动训练机上进行低强度的运动，这样燃烧的卡路里比训练时要少得多。低强度训练同普通训练相比，燃烧的脂肪要比燃烧的碳水化合物多，但如果训练持续相等的时间，前者总的卡路里消耗量要低，强度和持续时间共同决定了卡路里的燃烧量。许多人常常会忽视这一点，就是如果你想使用低强度的心肺适能运动训练机进行减肥，你必须延长训练时间来燃烧更多的脂肪。因此如果你需要减肥，底线就是必须尽量地延长训练时间。你需要燃烧的热量要超过你所食用的，每磅体重中包含3500卡路里的你没有食用的食物，所以你应该或者燃烧更多卡路里、或者吃得少些、或者用两者结合的方法来创造一个亏损的状态。

蛋白质

蛋白质是肌肉、骨骼、皮肤、毛发的基础，几乎存在于体内所有部位和组织。氨基酸是蛋白质的基本组成成分。有些蛋白质包含了人体所需的所有氨基酸，因此被称为完全蛋白质。完全蛋白质的来源主要是一些动物产品如鸡蛋、牛奶、肉、鱼、家禽等。鸡蛋是完全蛋白质的最佳代表，它们提供了必需氨基酸的最佳配搭。不完全蛋白质则缺乏了一种或多种必需氨基酸。如果你不喜欢吃动物食品，那么你需要结合或者变化食物选择来获得全部的蛋白质，如豆子和大米结合起来就形成了完全蛋白质。

营养指南建议平均每千克体重 0.8g 蛋白质，前面已经说过，蛋白质应该占每天摄入卡路里总量的 10%。如果体重 64kg，那么每天就需要 51g 的蛋白质，每克蛋白质有 4 卡路里，因此只从蛋白质得到了 204 卡路里。所以你每天需要 2040 卡路里来维持目前的体重。

美国人平均消费的蛋白质超过了推荐水平。这就是我为什么不支持这么一个观点：如果想塑造肌肉就需要增加蛋白质。尽管蛋白质很重要，但应该清楚肌肉中至少 70% 是水。如果你使肌肉更发达，你主要应该考虑食用更多的有质量的卡路里。经常的力量训练、合理的饮食与充足的睡眠可以使你的肌肉越来越发达。如果在你的整个食谱中食用较高比例的蛋白质会导致碳水化合物与蛋白质比例的失衡，这就意味着你的能量必须依赖于蛋白质这种非最佳能源。分解蛋白质产生能量会造成肝脏和肾脏损伤，导致体内的氮含量超过了正常水平。

你经常会看到健身房和健康食物商店有蛋白质饮料和营养棒出售。最先在市场上出现的营养棒是为耐力运动员设计的，由于碳水化合物是持续运动的最佳能源，所以营养棒主要由碳水化合物组成。理论上蛋白质可以增加肌肉生长和前面提到的人们对低碳水化合物食谱的热衷，蛋白质消费变得越来越流行，因此也出现了不同形式的营养棒。这些营养棒在蛋白质、碳水化合物、脂肪含量上差异很大，因为最初它们的使用对象是对蛋白质比例要求较高的健身运动员。到 19 世纪 90 年代后期，蛋白质粉涌入市场，产品主要是蛋白质与水、果汁、牛奶的混合，然后以不同的味道出现。考虑到早晨力量训练的需要，你可能认为在醒得较晚或者比平时更饿的情况下食用一些营养棒可能会有所帮助。在这种情况应该选择的营养棒组成应该是 60% 的碳水化合物、30% 的脂肪、10% 的蛋白质。我认为最重要的就是长期的营养平衡。当然有些情况下吃些什么东西会更有效，但总的来说，我不支持食用营养棒和饮用蛋白质饮料。记住一块全麦面包、一匙花生酱和一个苹果就是最佳选择，或者一块奶酪和一个苹果。即使吃上几口剩余的比萨饼也是很好的快餐。完整的食物与加工过的食物相比，可以给你提供自然的维生素和矿物质，包含更多的纤维素，而且味道也好。

水

我们身体中超过一半的重量是由水组成，如果不以任何形式摄入水的话，人就会在几天内死掉。它对消化和吸收起着辅助作用，也帮助调节体温。它把营养和氧气输送到全身，把毒素和垃圾排出体外。

总的来说，每天要喝至少2公升的水——大概等于8杯（8盎司的杯子）。人们也可以从食物（如水果和蔬菜）和饮料（如果汁和茶）中获取水。为了避免咖啡因的利尿效应丧失水，所以尽量选择不含咖啡因的草本茶。如果白天没有获得足够的水分，就会因脱水变得疲劳、易怒甚至头痛，也会使你在第二天醒来训练时觉得无力。

如果你不喜欢水的味道，可以试着加些柠檬或者苏打，你可能发现这样味道会好些。给你一个小建议可以让你了解每天用了多少水，找一个瓶子，确定多少瓶水可以达到2公升，然后在瓶子下部缠上相同数目的许多条橡皮带。每次喝完一瓶水，把瓶子下部的一条橡皮带移到上部，直到饮水量的目标完成。饮水与晨练的关系将在本节的后部讨论。

维生素和矿物质

与前面提到的常量营养元素相反，维生素和矿物质被称为微量营养元素。这些物质我们只需要很少的量，但我们的身体不产生，所以只能通过食物或其他辅助手段进行补充。维生素对于一系列生理过程是非常重要的，除此之外，它们可以辅助消化，协助机体吸收常量营养元素并有效地进行使用。矿物质对于骨骼和牙齿的健康非常重要，可以帮助调节身体中体液平衡，对于神经系统的正常运行也是非常重要的。更重要的是，研究者发现维生素和矿物质在抵抗癌症和其他疾病如关节炎中具有重要作用。

根据国家健康机构的报告，我们可以通过食物获得所有的维生素和矿物质。但问题是我们必须通过高质量的食物来获取这些重要的营养物质。对食物的加工降低了它的维生素和矿物质成分，但由于忙碌的生活方式，人们在准备食物时往往会不全面，要选择尽量多的全营养食物。如果不能从食物中获取所有的营养物质，可以考虑在食谱中添加一些多维生素产品。如果你吃得好睡得好可还是在早上训练时感到疲倦，那就可能是缺乏了某些营养物质。在这种情况下，最好咨询一下营养师。

吃出一个更健康的早晨

现在我们已经介绍了营养和水的基本作用，你也清楚了如何进行最佳的饮食搭配。接下来我们探讨一下在训练前、中、后饮食中的一些问题。

训练前

古谚语说一个人在早上应该像国王一样吃饭，在中午应该像王子一样吃饭，在晚上应该像乞丐一样吃饭，这种用餐习惯对于我们晨练是有益的。实际上，我们的用餐方式也确实应该如此，从早晨到下午通常是我们最活跃、最需要营养的时间，随着一天的结束，对卡路里的需要也越来越少。晨练是你一天的开始，应该需要更多的能量，这样你才能进行一天的高效工作，不会因营养缺乏出现疲劳。

让我们从你醒来开始。在你睡了一晚上之后，你的血糖水平处于它们的最低值，你的晚餐也已经是好几个小时前的事情了。由于你的身体和大脑需要碳水化合物的持续供应，所以刚醒来时身体处于一个缺乏能量的状态。正因为如此，你应该吃一些东西来升高你的血糖，避免在晨练时感到反应迟钝或头重脚轻。在晨练前吃一些东西并不是说需要吃很多东西，我曾经有一位私人训练客户接受了我的建议，结果第二次他来时吃了一个巨大的百吉饼和许多奶油干酪，毫无疑问他因为太饱而在训练时感到很不舒服。我想我解释得很明确了，你需要在训练前吃一些东西，但应该是少量的。

如果你在早上有足够的时间，在训练前花一个小时来吃饭是再好不过了。这样可以使你的血糖升高，身体也已经适应了食物的消化，能量的升高也不会使你感到太饱。如果你去健身房训练，这样做是可行的，因为从你醒来到健身房差不多应该有一个小时。然而对很多人来说这个建议并不实用。如果在家进行训练，你可能喜欢起来就开始训练，而不是先花时间来吃些东西。

不管你在哪进行晨练，确保醒来后尽量吃些东西。碳水化合物、脂肪、蛋白质的结合可以为你运动提供充足的能量。一个好建议就是可以吃一片涂些花生酱的全麦面包。也可以是加有低脂牛奶的全麦食品，甚至是一小部分剩下的晚餐如炒米饭。一杯低脂酸奶和一根香蕉你觉得如何？在你训练前喝碗燕麦粥会不会更好？正如前面说过的，适合你的最好的方法可以通过对你的习惯和感受进行记录的方法进行实验。但你绝对不能做的一件事就是不要吃一些富含单糖或者简单碳水化合物的东西，比如说果汁或者剩下的白米饭。这样会使你的血糖升得太快，虽然开始会给你提供一些能量，但很快就又会感到空空如也了，你应该不喜欢在 7 a.m. 训练时出现这样的情况吧。

在训练期间

在训练时应该带一些水,训练时身体尤其需要补充水,这样可以为你在户外运动时节省找水的时间。每隔15～20分钟喝一些水,确保每次渴的时候都要喝水。运动饮料在这些年非常流行,但对于早上力量训练来说并不是必要的。它们可以提供一些糖分和电解液,可以补充因为出汗丧失的矿物质,如钠离子。这对于持续几个小时的心肺适能运动训练是非常重要的,而对于早上力量训练或者是低于一个小时的心肺适能运动训练就不是必须的。使用这些饮料只是增加了额外的卡路里,由于这些饮料富含易吸收的单糖,所以,它们很容易使血糖达到顶峰然后迅速降低,这往往是不必要的。

训练后

训练后应该避免匆忙工作和连续几个小时不吃饭。由于晨练,所以早餐可以分成两部分,训练前吃的食物和训练后吃的食物。训练后的饭是很重要的,因为你需要补充肌细胞和肝脏中的糖原。糖原以糖的形式贮存,和运动前吃的一些食物一起为运动提供能量。增加肌肉中糖原的摄入可以让你恢复得更快,也让你实现通过训练强健肌肉的目标。当然在剩下的一天中也应该继续喝水。

在剩下的一天中,你需要继续吃饭来为大脑提供能量,你也会继续燃烧卡路里。吃一顿好的午餐可以帮助你调节血糖和增加能量。同样,最好是碳水化合物、脂肪、蛋白质的结合。蔬菜沙拉和烤海鲜是一个好的选择,全麦面包夹瘦肉的三明治也是一个不错的选择,尽量添加一些水果来增加营养。一天中从高质量的食物获取卡路里可以滋养你的身体,使你很快从晨练中恢复,有足够的精力做下面的事情。

作为一名晨练者,晚上不需要太多的卡路里,所以晚饭可以相对少吃一些。晚饭可以吃一些新鲜的蔬菜沙拉和一块鸡肉或者其他蛋白质。想想一天当中你都吃了什么,还有什么重要的东西遗漏了。如中午你与同事一起吃了面而没有补充蛋白质,那么晚上就可以多吃一些蛋白质作为补偿,可以打一个鸡蛋。如果白天忘了吃蔬菜,晚餐时可以加一些。要切记不要在睡前吃得太多,这样会干扰你的睡眠,第二天早上没有动力起床。

生活不是总和想象的一样完美,有时我们会因为工作或者社会应酬做出不好的食物选择。有时我们会有意地选择一些食物如烤翅和汉堡来慰劳自己。并不是要求你的食谱必须是没有瑕疵的,只是当你回顾一周的用餐习惯时,总的食物量应该与我们这里推荐的食谱一致。这样,睡一个好觉,注意一下其他的生活习惯,将会保证你晨练的有效进行。

训练动机

这一部分概括了一些让你觉得晨练是新鲜、有趣和富有挑战性的方法，这样可以让你能够长期乐于进行晨练，这一部分也对你坚持目标提供一些小建议。

让你对早晨力量训练充满热情的一种方法是改变你的训练方式。你可以改变训练目标、训练长度或者两者都作改变。如，每次训练时，可以尝试一个新的20分钟训练——第一次可以做力量训练，然后做耐力训练，直到全部完成。如果时间允许，你可以做30分钟的训练，然后到45分钟的训练。从第6章到第9章描述了各种训练身体的方法，对体重的要求、重复的次数、使用的器械等等。这样可以确保你在做同样的训练时不会变得很烦躁。这也意味着你的身体总需要调整不同的运动模式，这样可以最大程度地训练你的肌肉神经系统，同样由于避免了对特定肌肉或关节的过度训练，也降低你受伤的可能性。

另外一种让你的训练变得有趣的一种方法就是在第5章里讨论到的一些因素的改变，比如你可以变化角度。当采用绳子划船的方法训练时，你可以在一个早上调整绳子从你的上面拉，另一个早上调整绳子从你正前方拉，再或者调整绳子从你下面拉。这种形式的改变可以让你时刻对训练感到新鲜，也能激发你的动力。

即便你有很好的训练目标，你偶尔可能会有几个早上不想起床。为什么会出现这种情况呢？我想最简单的答案就是每天生活中的压力。可能前一天发生的事会让你感到有些疲倦；可能在前一天晚上接到一个电话让你必须去做一些计划外的事情；可能你的工作时间比平时长，在做完了家里的杂活后睡觉时间比原计划要晚。如果发生了这些事情，这里我们提供一些可能会有所帮助的建议。

如果你睡得较晚，觉得第二天可能需要额外动机才能起床，你可以把闹钟放在你能够听到但需要你起床才能够得着的地方。一旦要准备起床，就要行动直到准备好开始训练。另外一个让你更容易起床的建议就是你可以穿着运动衣睡觉，这样早上就可以少做一件事。最后一种情况，当闹钟响了可你就是不愿起床，这时可以试一下。让这种想法一直在你大脑中盘旋，可能一个声音是"再睡会吧，今天就算了"，但同时你也会听到另一个声音说"起床，开始准备"，我称之为"自我辩论胜利法"。事实往往是这样的，一旦你起床开始训练，你就会感觉良好了。你可以与自己达成一个协议，如果开始训练15分钟后你还是觉得想睡觉就停下。在我23年的工作生涯中，这种事情几乎没有发生过。

如果你喜欢在去健身房前喝杯咖啡，条件允许的话可以事先把咖啡机调整好，至少是把咖啡和水在前一天晚上准备好，这样可以为你节省时间。还有一些外部动机手段对你也是有效的，可能你的一些朋友愿意早晨训练，你不需要与他们一起训练，只是约定见面然后一起去健身房就可以了，然后就各自进行各自的训练。当你与某人达成一项约定时，就会觉得起床的理由是很充分的，如果你不想让你的朋友失望就必须出现。

当然，在我们生活中也会有压力非常大的时候，如亲人的去世、工作的变化、离婚等等。这些时间在情绪上、智力上、经济上都会给我们带来很大压力。不幸的是，在压力情境下我们最先放弃的习惯就是训练。当你处于这样情境时，可以想想晨练给你带来的好处。可能会让你突然有灵感闪现，可能会帮助你放松和集中精力。记住，当你有规律地进行晨练时就会提高你的自我感受。提醒自己进行晨练后你曾经有过的很棒的体验，或者是那些花了很多时间减去的体重。训练可以使身体释放内啡肽等物质，可以提高一般自我感觉。试着关注晨练给你带来的好处，继续坚持下去。

由于白天可能计划外的事情发生而没有时间训练，因此晨练就显得很重要。如果你所支配的时间缩短，本书也给你提供了很多方法来缩短你的训练。晨练对你的心理和生理健康都有益，可以帮助你更好地应对压力事件。总之，应该从各个方面关爱自己。

你的训练环境

早晨训练要比在其他时间训练需要更好的组织和准备,需要吃早餐、还得准时上班、以及其他需要在早上完成的事情,如果组织不当就会变得很紧张。因此,值得花一点时间和精力来布置你的训练空间,这样可以使训练更好地融入到你的生活中去。本章就告诉你该如何去做。

你的训练空间可能有许多不同的形式。你可能在一个具有多个专门训练空间的多功能健康俱乐部,你可以到这些地方进行心血管训练和力量训练。或者你可能在一个小的健身房训练,但由于人数较多你想用的器械可能被别人使用。本书中的训练方法可以根据你所使用的器械进行一定的调整,这在后面会进一步讨论。也可能你不想在这个点去健身房,而只想在家里训练,或者如果天气允许的话在户外运动。本章讨论不同训练空间的优缺点,并有针对性地给你提一些建议。

在家进行力量训练

每个训练地点都有自身的优缺点，决定在哪里进行力量训练前可以对各种情况作一个权衡。在家训练的最大好处就是方便，早上的时间是非常宝贵的，不去健身房可以为你节省更多可用于训练的时间。如果你去健身房训练，由于时间限制可能意味着你不能尝试本书中提到的 60 分钟训练方法；如果在家训练就不存在这个问题。万一你起得晚或者由于某些原因需要改变训练计划，在家训练也是非常实际的，这样不会漏掉该天的训练。周末在家训练也是非常方便的，这样你既不需要与家人分开，又能坚持你的健身计划。

在家训练也可以增强你的自尊和自我形象。当然，坚持训练本身就会让你有一种成就感。由于在健身房会有额外刺激，在家训练时这些作用会小些，所以能够在家训练会给你一个额外的理由让你觉得自己很棒。

在家训练也存在很多潜在的问题。除非你有足够的空间和足够的拉力器械，否则在家肯定不能像在健身房一样以多种方式训练。变化训练方式的重要性我们会在第 5 章讨论，简单地说，变化训练方式可以避免让你的身体对一种运动或者训练形成了适应，变化角度、使用不同器械训练可以让更多的肌肉纤维和关节以不同的姿势得到拉伸。这样可以提高你提起重物的能力，帮助你更快地达到力量训练的目标。在家训练缺少运动器械在某种程度上限制了你的训练。

在家训练的另外一个缺点是你可能会干扰和你住在一起的人或者住在你附近的人，你应该清楚其他人会觉得你的晨练破坏了美好安静的早晨时光。如果你的房间足够多的话，尽量使你的训练空间远离睡觉的人。你也应该考虑训练是否影响了楼上或者楼下的人，他们可能会听到哑铃与地板不停的撞击声。你应该轻轻地放下哑铃，但为了避免万一，可以在地板上放个厚厚的垫子或地毯防止产生太多的噪音。

容易分心也是在家训练会遇到的一个问题。虽然你每天早晨都起来训练，但家里有很多可以转移你注意力的事情。可能你突然看到地板很脏，然后开始打扫卫生而不是继续训练。或者被电话、电脑、其他人或任何事情所打扰。如果事先做好应对这些分心物的准备，这样就可以成功地处理或者避免发生。如你正训练的时候电话铃响了，你可以让它一直响吗？或者你觉得必须去接一下？如果你接了，你愿意告诉那个人你现在说话不方便吗？或者你会开始聊天吗？如果愿意的话在你训练期间可以把电话线先拔了。

如果你与其他人住在一起，他们可以成为你训练的分心物，也可以是你训练的支持资源。你可以获取他们对你晨练的支持，也可以给你的孩子一些奖励让他们不干扰你。另一方面，如果时间允许的话，你可以让你的孩子和你一起训练，让他们做些核心力量训练。我的一个客户告诉我她在卧室里训练时让孩子帮她计数，在孩子面前训练是培养孩子养成训练习惯的一个很好的途径。

在家训练不像去健身房那样简单，后者只需要去健身房、办个会员卡，然后找个器械就可以了，前者需要一些计划。在头脑中需要有一个计划，训练空间是影响你训练是否舒适和你早上起床动机的重要因素，因此，值得花些时间来布置你的训练空间。如果你把家里的一个地方搞成一个长期的训练空间，至少可以很方便地使用拉力器材，这样你训练起来就不会浪费太多时间。下面给你提供一些建议。

移动空间

如果你能够留出 3m×3m 大小训练空间，你就有足够的空间来放置训练椅、平衡球、拉力器，一些哑铃，这样还有一些可以移动的空间。如果你有多余的空间，就可以作为专门的训练场所，这样也会增加你坚持下去的动机。如果你没有足够的空间作为专门训练场所，那么就需要有存放你训练时所用器械的地方，不过翻箱倒柜找哑铃也会给你带来一些麻烦，关键是事先做好准备。可以在前一天晚上将需要用的器材准备好。如果有空间的话，可以为哑铃买个支架，如果没有的话，训练期间可以在地板上放个垫子，前面已经解释过这样做的原因了。在做地面训练时你也需要一个垫子、地毯或者毛巾；如果用毛巾，在做站立训练时要防止因地面滑而滑倒。

清理那些可能让你绊倒或者扭伤脚踝的东西，如玩具、鞋等。也要清除那些可能会干扰你注意的东西。在手能够得着的地方放上毛巾，提前倒好水。安全起见，如果你是自己单住的话，确保对急救有个计划，确保你在训练时附近有邻居能听到你的呼叫，万一你感到不舒服或者摔伤的话能够得着的电话。

照 明

想象你在这样一个早晨醒来，明媚的阳光充满了你的卧室，你是不是在这样的时刻更加精力充沛？自然的阳光或者类似的人造光源可以调整你的生物钟，使你更容易早上醒来。如果你训练的房间有窗，可以装上窗帘，在早上训练时可以拉开；如果你喜欢遮上窗户，可以用薄的浅色窗帘，这样自然光还可以透进来。如果没有窗或者你起床时外面还黑着（冬天常常这样），确保让房间里足够亮，如果不行的话可以再买一盏灯，甚至可以买一个全光谱的灯泡来模拟阳光。

通 风

确保你的训练场所通风良好。想想这样的时刻：打开窗，新鲜的气流进入房间，你深深吸上一口气。感觉很棒，是吧？把这种感觉与在没有窗户的房间或者窗户没有打开很久的房间比较下，第一感觉可能是更容易醒来吧。训练是让更多的新鲜空气在房间里流通意味着让更多的氧气进入你的肺，进入你的肌肉，帮助你更清醒和为工作做好准备。请尽量让你训练的场所可以相互通风，从一个窗户或门进来从另外一个窗户或门出去。如果不能的话，可以用个电扇来增加气流的流通。

温 度

训练时的理想温度是 20~22 摄氏度，如果房间温度合适的话，就很容易开始晨练。房间温度过高你更易犯困，尤其是床在眼前时。另一方面，如果太冷的话，没有充分热身可能会有扭伤的危险。第 4 章会详细讨论热身，基本上，如果没有让血液在全身充分循环使关节和肌肉预热，就很可能会拉伤肌肉。热身可以促进血糖循环、润滑关节、为负重训练做好准备。训练就是关于肌肉的收缩变短，然后又放松延长，不断地反复。如果肌纤维和关节没有得到预热，肌纤维就不能有效地缩短和延长，这样就容易过分延长或者拉伤肌肉。尤其是晨练时更为重要，如果下午训练的话，你已经活动很长时间了，所以房间的温度就显得不太重要了。所以尽量使房间的温度合适，如果你开始热身时还感到冷，在常穿的衣服外面再套上一个 T 恤也不错，训练过程中也可以脱掉。

音乐和其他声音

这是一个非常人性化的选择。在你训练的时候哪些东西会激励你？安静的环境可以让你专注于你所做的事情，还是会让你更难醒来进行训练？可能你喜欢听广播，这里包括新闻与音乐。你可以录制一张特殊的 CD 或者磁带，包括一些可以让你动起来的音乐。你可以把歌曲按你喜欢的顺序排列。比如说，在训练开始时你喜欢有动感的音乐，那就把它们放在前面。或者你喜欢把音乐与训练搭配，在这种情况下，在热身和训练刚开始的时候可以选择舒缓一些的音乐，在训练中间到最后的时候可以放些充满活力的歌曲。恰当的音乐和悦耳的声音可以让你的训练充满乐趣，也可以让你从晨练中有最大收获。

器　械

　　这本书所介绍的大多数训练你都可以用这些器械完成，训练椅、哑铃、拉力器、重力球、平衡球。如果你没有这些器械的话，也可以用其他东西来替代。如果缺少第 4 章所讨论的泡沫滚轴，你可以把三个网球装进一个袜子里，这样可以用来舒展筋骨。如果你没有重力球，也可以使用哑铃代替。如果没有功率自行车，你可以使用跳绳来进行心肺适能运动。

　　你的哑铃应该在非常轻到非常重之间有不同的等级。市场上也有一些可调节重量的哑铃，这样你如果希望增加多少重量就可以做相应的调整。

　　拉力器应该足够结实，这样在上身训练如划船时才能有阻力。房间里应该有一些稳定的东西，如柱子或者门把手，这样你可以把弹力带系在上面。你应该能够把健身器延长到它原始长度的 1.5 倍，如果阻力不够的话，可以换一个厚一点的弹力带。

　　如果有一个平衡球的话，你会发现这对你训练平衡性和核心部位的完整性非常有好处。平衡球应该足够大，你坐在上面时膝关节应该呈直角。充满气，可以用随球带的打气筒，或者自行车的打气筒都可以。

　　如果空间大并在金钱上宽裕的话，可以再购买一个卷缆柱，它对于本书中提到的一些上体训练是非常有好处的。通常设计为上面放了一个棒，这样你可以用来做引体向上或者悬垂举腿，你也可以考虑在附近买一个旧的器械。通常健身房也会出售一些他们不再使用但条件还不错的一些器械。健康俱乐部总是要与最流行的器械一致，这可能也是你花钱不多，但可以买一些好器械的途径。还有一些公司专门把旧器械加工后重新出售。

　　如果还有空间和金钱的话，另外一项可以考虑的器材就是心肺适能运动训练机如固定自行车、椭圆机或者是脚踏车。许多公司都生产家用的心肺适能运动训练机，它们比健康俱乐部里的训练机占地少，最大的不同是坚固度的差异。商用的训练机必须非常坚固，能够经受连续几个小时的使用。而家用的训练机看起来有些弱小，如果部件和维修在几年内都有保证的话，你应该确信厂商不会让你在使用时训练机发生故障的。确信每次使用完毕后都关闭器械，也应该拔去插头，防止家里其他人在上面玩时发生意外。

　　如果你只在家训练而不去健身房的话，可能需要对你的训练做一点小小的改变。如果训练是压腿，可以选择一项在家进行的腿部训练，如箭步蹲或者深蹲。如果训练是在训练机上完成的划船训练，可以用拉力器做站式拉背代替或者是单臂哑铃划船。这是在家做引体向上和悬垂举腿的简易方法。

户外力量训练

户外训练与在家或者去健身房训练截然不同，它可以把你带回在野外快乐玩耍的童年。总是坐着的工作方式使我们逐渐远离了大自然，我们习惯了在健身房进行训练，忘记了很多可以训练的地方。当我看到父母坐在一旁的长凳上，孩子们在操场上玩耍，我就想：为什么成年人不能这样玩（训练）呢？把你的训练场所移到户外就可以给你这样的机会。如果你喜欢旅游或者跑步，户外训练就会给你非常棒的体验。你可以跑步，或者找个地点来进行下面提到的一些训练方式，也可以进行较好的训练。

如果选择户外训练的话，最好是等天放亮了，既是安全的考虑也可以让你看清动作。户外训练可以让你接触自然的阳光，这对于调整你的生物钟非常重要，可以让你晚上睡得好，早上很容易醒来。还可以让你呼吸很多新鲜空气。

在准备户外运动时，带上必要的东西：如车钥匙、身份证、手机、急救信息，如果你喜欢听音乐的话还可以带上 mp3。记着带瓶水，还要带回来路上可以吃的一些快餐，比较好的选择是果仁和水果、低脂奶酪或者半个三明治（在第 1 章已说过）。带上所有你可能用得上的设备，如拉力器或者重力球。记得一定要穿上支持跳跃的鞋。

我喜欢把户外训练称为是"操场训练"，因为操场上总会有一些攀登器械和不同高度的物体。如果你家附近没有这样的地方，尽量找一个有凳子、楼梯或者有膝盖那么高的墙的区域。下面给你提供一些在这些地方训练的例子。

- 攀登设备：你可以用来做引体向上或者悬垂举腿。
- 长椅：你可以用来做增强式俯卧撑和蹬高。
- 柱子或者其他稳定的物体：你可以把拉力器固定在上面做推拉训练。

下面的户外训练是肌肉力量和耐力目标之间平衡的一种训练方法，在一些训练中体现了身体重力与引力之间的对抗。大概需要20分钟完成。做完一组训练后，根据已经使用的时间再重复一到两遍。在两次训练之间可以休息一下让呼吸均匀。

- 热身运动。p47。
- 悬垂举腿。p168。重复15次。
- 蹲立式起跳。p188。重复10次。
- 正手或反手引体向上。p135。重复10次。
- 对单杠、攀登设备或墙的增强式俯卧撑。p140。重复10次。
- 弓步跳。p195。重复10次。

- 管类器械划拉练习 p127。重复 25 次。
- 站立单臂前推 p144。重复 25 次。

注意天气情况，提前做好准备。户外力量训练同户外心肺适能运动相比需要多穿几层衣服。一般心肺适能运动比力量训练更容易使身体预热，因为前者可以同时连续地运动四肢，你可能发现跑步时就是这样。在力量训练中，你并不是同时有节奏地运动整个身体的。但不要担心，你的身体也会变得很舒服很热乎，只是时间慢一些。所以如果外面冷的话，晨练时一定要多穿几件衣服。通常你会在一个固定的地点进行力量练习，所以当你热身后，可以把外面的夹克脱了。最里层的衣服应该吸汗，这样可以保持皮肤上没汗。许多牌子的运动衣都是这种质地，外层的衣服应该防冷和防潮。

当天气寒冷或者其他恶劣天气时，户外力量训练可能是严酷的甚至是不安全的。你可能会因为地面的冰、泥巴或者积雪而滑倒，或者在你引体向上或抓握重力球时厚厚的手套让你使不上什么劲。如果你知道天气不好的话，可以使用本书中介绍的其他一些方法进行训练。天气热的时候当然也要做一些准备，确保当你热身后可以脱下一层。这样的天气户外训练时也要多带些水。感觉口渴表明身体需要更多的水，所以你应该保持充足的水分避免达到口渴。如果你经常在热天训练的话，应该在训练前和训练后都称一下体重。如果体重有减少的话，表明在训练前、中、后没有喝足够的水。这对晨练尤为重要，因为经过一整夜的睡眠后，体内水分减少。因此当你还没有习惯这种天气时，应该避免在较热的早上训练。

在健身房进行力量训练

如果在家外训练可以增强你训练的动机，那么健身房就是一个很好的选择。有时找一个特殊的地方对刺激你花时间和精力来训练是有帮助的。有一张健身会员卡对你而言就是一种符号，表明你的健身训练是非常重要的。也能鼓励你每次都让训练发挥最大作用，因为一旦你花了时间去那里就会做完整个训练。如果健身房在你上班的路上，上班途中停下来也会为你节省早上的时间。如果你安排得相当好的话，这也是一个不错的选择，你需要把工作装和晚些时候需要的东西都提前准备好。去健身房的另外一个好处是你可以接触到你训练所需的各种器械。

如果你去健身房进行力量训练，有一些事情需要牢记于心。你可以把早上需要带的东西都放在家里的一个固定位置。把与交通有关的东西都准备好——车钥匙、自行车锁钥匙、公共汽车或者地铁卡等等。把音乐器材准备好，电池充满。把瓶子装满水与其他物品放在一起，或者放在冰箱里。如果放在冰箱里，你可以在其他物品上贴个条提醒你第二天早上不要忘记。如果你决定要带些零食或者香蕉，把它们与其他物品放在一起（训练前后吃的东西在第1章已讨论过）。

把你要穿的运动服在头一天晚上准备好，可能睡觉时穿着也是一个不错的主意。把运动鞋与其他物品放在一起。如果你想做些跳跃或者增强式运动的话，确信你的运动鞋不要太旧或者有破损。如果在健身房可以租一个橱柜的话，会使你更容易安排。你可以把一双运动鞋、冲澡的物品或者内衣放在里面。

当你去健身房运动的话，提前想好要在哪个位置进行训练。搞清楚不同的器械是如何分布的。你是空手训练还是需要使用训练器呢？可能你需要平衡球和绳子。有些地方器械是重复的，这样避免拥挤。你的健身房可能有一个区域是专门用作负重训练的，一些负重训练器是挨着的，在训练器械隔开的地方训练可以让你更容易找到空闲的哑铃，提前这样计划一下可以为你节省很多时间。

你也需要思考如何在你的训练中按一定顺序进行。你可以把这本书带上，把你选择的那些训练复印一下，或者只是把它们记在一张纸上。记住如果你愿意的话，你随时可以对训练做出调整。这在第5章会详细论述。如果事先有个大体计划的话的确会对你有所帮助，这样在健身房不至于分心或者浪费时间。

晨练总是与效率有关。健身房的一个潜在的干扰因素就是你可能和遇到的熟人聊天。如果你是那种很容易和人聊天的人，为了避免见到熟人最好不要去人多的区域。如果见到了认识的人，只打个招呼或者说你需要抓紧时间训练就可以了。戴上耳机（不管你是否在听）都是让别人知道你可能不知道他们在说什么。

健身房有其他一些选择，如有力量训练课和私人或者团体私人训练。班级有一些好处。它们通常从开始到结束按一个顺序进行，因此你可以热身、做力量训练部分、最后做伸展运动。如果你是那种很容易因为无聊或者劳累而早早结束训练的人，偶尔上次课可以让你跟得上步伐。团体力量训练的一个缺点是通常力度不够，除非你重复的次数很多。不过，这其实还好，如果你的主要目标是耐力的话，或者只是偶尔才上次课。

作为一个职业私人训练师，我认为私人训练是一个非常有价值的服务。我的哲学观点是客户应该是这一过程的积极参与者，这也是这本书想要帮助你做的。你可以雇一个私人训练师来根据你的个人的需要来调整你的训练计划，或者偶尔咨询一下某人而使你坚持训练。

这一章的信息应该能够让你做一些理性的选择：去哪里晨练、如何组织、如何更有效、如何使环境能够鼓舞你。仔细地对你的需要和爱好做一个评估，你就会发现哪一种对你是最有效的。

选择你的运动器械

目前市场上能够提供力量训练的器械多如牛毛,给我们达到目标提供了多种选择和多种训练课程。然而在做出这些选择的过程可能会是一个迷茫的,甚至是一个很痛苦的过程。

经常有人问我"哪种训练器或器械会最有效、能产生最好的结果"。对于力量训练来说,需要记住的重点就是应该让身体感到有阻力。当你阻止由肌肉引发的运动时,会使这些肌肉变得更强、更大、更持久。这是力量训练最简单的原理,复杂的却是获得阻力的方法。一旦你理解了不同方法的优缺点,就会很容易对第6章至第9章所介绍的不同训练方法做出合乎你爱好和目标的选择了。如果你没有(不喜欢)特定训练中的器械的话,也可以把这些训练方法做些改变。

体　重

人类遇到的最基本的阻力就是重力，重力总是把我们推向地球，把我们的身体向远离重力的方向推或者拉就是一种训练。晨练有很多优点，尤其是当你在家或者户外训练时。本书中的力量训练就包括这种重力训练，这种方法在任何地方都可以进行。

为了理解对抗重力的体重训练的优点，我们以俯卧撑为例来说明。面部朝下，双手撑地，这个过程就是抵抗重力的作用。这一过程主要是胸肌、前三角肌、三头肌共同作用的结果，通过这一过程也可以对这些肌肉进行训练。

当我们不断地接近地面后又离开，对抗重力这一过程既刺激了肌肉，又对骨骼和关节的完整性有重要影响。骨骼在不断地进行再生，这种影响反映在它可以帮助刺激这一过程。可以想象这样一个简单的画面：当你走上飞机台阶时的运动。每次你抬起右腿上一级台阶时，你都在对抗重力。当你把右腿放在台阶上，你需要沿相反的方向把身体压向地面，这样你的左腿就跟上了这个台阶，如此进行。当你以类似的方式如弓步蹲举进行对抗重力时，地面上身体的所有部分都要参与工作。对于多数人这只是一个非常简单的操作，而对有些有健康障碍的人们来说，走长长的一段楼梯并不是一件容易的事情。

使用身体对抗重力可以作为你的相对力量的一个指标，相对力量指你的力量同体重的比值。如果你能通过移动或者举起身体的方式对抗重力，你的力量就会增强很快。这可能是近年来新兵训练营特别流行的一个原因吧，在这里需要移动自己的身体，这对于许多人来说是很困难的。把这种方式与通常的健美训练相比，健美者的目标是发展肌肉的大小、力量和对称性，而不考虑这些块头和力量在具体运动中的使用。

可以把你的身体看做是链条，缠绕在它上面的每块肌肉或每个纤维通过相同的或不同的关节相互连接。因此在一项体重练习如弓步跳跃中，当你跳离地面时，在你关节和肌肉中的感觉器官感受到你的位置和你需要如何做才能维持平衡，然后自动地把你在空间的位置传达给你的肌肉，导致脚和脚踝做相应的调整来稳定你的身体，为下一次跃起做准备。这种练习可以让你的身体有机会变得越来越精确，作为一个整体它可以让我们在日常生活（在我们坐着工作或者坐着开车的时候显得尤为重要）和训练的不同情境中做出恰当的反应。在第 6 章至第 9 章讲述的一些体重练习可以让你以这种方式练习。

负 重

负重（哑铃或者杠铃）可以增加运动的阻力，因此可以增加肌肉的力量、大小和持久性，这取决于你给自己设定的目标。重力的方向是竖直向下的，因此当采用负重训练时，必须操纵身体与重力的相对位置以便进行一个效果好的训练。

我们可以来看一下胸部推举训练，从本质上说与俯卧撑比较类似，也训练胸肌、前三角肌、三头肌。如果你手持哑铃站立，采用前上举方式进行训练的话，就不如背朝下平躺举放哑铃对肌肉训练更有效。因为重力的方向是竖直向下的，对抗重力的那些肌肉会得到最大的训练。而在站立时，肩膀上的肌肉或者三角肌将会为了维持哑铃的重量付出最多的努力。

负重是训练的一种重要手段，因为你可以在任何地方进行。但它的一个局限是：一个人拿起相应重量的能力。如，当进行箭步蹲时，有些人在抓握较重的哑铃时不能达到训练的要求——例如需要重复 8~10 次。如果你在抓握较重物体时有困难，可以选择一些稍微轻一些的，然后再做另一个练习来使目标部位感到疲惫，或者做练习时慢一些，这样可以在较长的时间处于紧张状态。

那么，哪一种更好呢，体重训练还是负重训练呢？最好的答案是，看情况。无所谓哪一种好，它们是有差异的。我们可以再来看一下俯卧撑和用哑铃做胸部推举的训练。对大多数人来说，胸部推举更困难些。对于刚开始练习的人来说，你需要每只手都能拿起哑铃，能协调上身的运动。在你学会这项练习的具体模式之前都会觉得是很困难的。如果你的训练只局限于腕部、肘部和整个臂部的力量，你选择的重量应该是这些肌肉足以支撑得住的，而不需要胸肌过分用力。而俯卧撑对于腕部、肘部和整个手臂的力量来说要容易一些，因为推的是地板，这样稳定性会更好些。俯卧撑的难度在于需要身体核心部分力量和上体力量将身体推离地面，因此，如果用膝盖着地比用脚着地的难度要小很多。

如果你的目标是增加能够举起的某一物体的力量和促进本体感受器与身体作为一个整体协同工作的能力，那么选择负重训练比较好。相反，如果你的目标是增加你的相对力量，那么选择体重训练比较好。当然两种方法交替使用也是一个不错的想法。

器 械

如果你只关注于使肌肉变大变强，较少关注你的相对力量和身体整体工作能力，那么器械就是一个不错的选择。当你坐在器械上时，器械可以支撑你的身体，自己不需要付出太大努力，这样就使举起较重的重量变得更简单。如果你喜欢使用器械，它们也可以帮助你完成目标，本书中提供了许多不同的训练方法，你也可以使用这些方法来替代体重或者负重训练。

在器械上进行力量训练时，与体重或者负重训练不同的是，它不需要担心身体姿势与重力的相对位置。这是由于器械是一个复杂的，精密设计的系统，通过你举起不同重量的金属板来训练肌肉。在以正确的位置支撑身体的前提下，通过不同方法来调整器械的座椅或运动臂就可以更有效地训练某些肌肉。

为了判断座椅和运动臂的调整是否合适，先不要使用器械的运动臂，只用四肢做运动。然后试着使用器械进行，调整器械的不同部分，直到你可以正确地做出运动。比如，当你使用坐式划船器，开始时双臂向前伸至稍微低于胸腔的高度，然后双臂往回拉，肘部弯曲，刚好经过整个身体，最后形成90°角。为了理解这一模式，可以先不使用器械进行一次运动。然后，你握住器械的把手再做一次运动，你的双臂应该和空手时是相同的运动。如果在你还没有拉回时肘部就呈90°角，说明你的座椅太高；如果拉回来也不能呈90°，而且你感觉把手臂往上拉而不是往后拉会更好，说明座椅太低了。

如果你还不太熟悉器械，花一些时间来了解座椅和其他可调节部位的情况。在进入和离开器械时要小心，也要注意可能会夹手指的地方，如你需要拉或者旋转的把手，使用时要小心。在使用器械时，记住要坐得高一些，保持一个好姿势，保持身体核心部分强壮，肩膀下压或上升时不要有不舒服的感觉，保持头和颈部的垂直，不要前倾。

绳　子

当你采用绳子训练时，与器械一样，阻力来自于配重片。绳子与器械不同的是，当你采用绳子训练时一般都是站着的，而采用器械训练一般为坐着的。如果你容易累或者喜欢做些短时训练的话，采用绳子进行晨练可就是比较有益的，因为在一个训练中它使用了身体的更多部位。而且，站着训练比坐着训练更多地使用核心部位，因此，如果想集中于训练哪个部位的话，借助绳子训练是个不错的选择，或者作为你计划中的备用训练方案。

最好不要将绳子固定于某一位置，这样你可以随时调整你拉的高度和角度。本书中介绍的绳子训练包括从正前、上方、下方。一个好的训练计划应该经常变化一些变量，使肌肉训练沿着不同方向进行，这样，可避免重复训练的沉闷。做一些小的改变，比如从不同角度拉伸可以使身体做出更好的反应，也可以让训练更有效。这对于晨练是很有好处的。

与负重训练一样,当你使用绳子时需要让身体保持一个姿势来产生一定量的阻力和角度,从而训练特定目标肌肉。如使用绳子做伸直双臂下拉练习时,你需要身体臀部以上稍微前倾,伸直的双臂与核心部位形成一条直线,而不是直立而站。这种前倾的方式可以得到最大限度的运动。

拉力器

拉力器和下面会提到的重力球、平衡球有时会被称为玩具,因为它们可以使你的训练充满乐趣。这些工具最初通过物理疗法进入健身领域,现在已经是健身俱乐部的最普通的设备了。拉力器和橡皮筋这两个词有时候经常混用,本书中我会在不同的训练中对它们进行区分。本书中使用橡皮筋的唯一一个训练就是绑缚走训练,主要用于训练臀部外侧的肌肉,见第 12 章。

拉力器是一条可延伸的橡胶带,两端各有一个手柄。拉力器有不同的颜色,每种颜色代表不同的厚度,因此表示不同的抵抗力。因为不同制造商之间的颜色并不一致,所以你需要自己对各种橡胶带进行判断。

拉力器的阻力来自于你拉长时的收缩力,运动开始于在第一次反复之前你感到有张力的那一点。随着你预期运动限度的完成,抵抗力也随着增大,因为拉力器被拉伸或延长了。最终你可以把拉力器延长到它最初长度的 1.5 倍。如果你觉得它的最大阻力不能满足你的需要,就可以换一个粗一些的拉力器,这样就会需要更大的力量来拉伸。

出于安全目的,当你完成一个练习时不要松开手柄,让它们慢慢缩短,避免由于猛地收缩伤着自己或路过的人。而且,在使用拉力器之前,确保它看起来不干燥或僵硬,因为那样可能意味着它在外面放了太久,可能在你使用时断裂。

晨练时带上几对拉力器可能会有所帮助,如果有人在使用器械,你可以把拉力器系在器械上,可以做一些训练后三角肌的水平运动。如果你训练用的绳子不能调整的话,那么拉力器也是一个较好的替代品,你可以根据需要调整你拉的角度就可以了。

拉力器在户外训练中非常重要,因为它不怎么重,而且也可以进行许多训练。正如我们负重训练中讨论的那样,你不需要调整目标肌肉必须与重力方向相反。拉力器也可以避免这个问题,在使用时也不需要与重力方向相反才能工作。你把它系在某处或者把它环绕在一个固定物体上就可以拉了。

重力球

　　重力球常被用做具体动作的训练，尽管有很多理由可以说明它们也是整体力量训练的一种重要工具。如只是握着一个重力球就可以使你的手部、腕部和整个手臂得到比使用器械训练得到更严格的训练。如果你的腕力较弱，需要整个手臂发挥更大的协调性和增强整个上身力量，这种工具是非常好的。我们目前生活方式的一个局限就是我们不太经常使用身体上部。我们坐得太多，除了拎一些购物袋和日常生活物品外我们不需要提很多东西。有不同类型的重力球，有些会反弹，有些不会。由于外部材料的不同，有些可能很容易放在其他物体表面。有些上面有手柄，因此也可以作为哑铃使用。本书中介绍的训练采用任何材料制成的重力球都可以，选择一个大约是你体重5%的重力球，另外一个要比这个稍微重一些。

　　第4章介绍的全身热身运动是使用重力球的一种好方法。通过全身一起运动，它可以提高协调性，由于某些原因它可以使你更容易清醒，给你一天中剩下的时间提供能量。

　　重力球对于力量训练是非常好的，比如使用投掷运动或者从不同角度进行投掷的动作。这种训练需要你在较短时间内产生很大的力量，发生很小的移动，这对于晨练是很有好处的，因为这意味着在较短的时间做较多的运动。如果你进行这样的投掷运动或者从不同角度进行投掷的动作，使用的重力球大约为你体重的5%~10%。如果球太重的话，你发现很难按预想的进行训练。如果有问题的话，可以从用一个较轻的开始，然后下一次可以使用稍微重一些的。

　　重力球的另一个用途就是替代哑铃提供抵抗力。比如坐姿旋转运动，当你使用一个球进行这种运动时，你应该选择一个比力量练习更重一点的球。

平衡球

　　这些较大的塑料球看起来可以在沙滩上玩一种叫"捉"的游戏。以前它们主要用于物理疗法，目前平衡球已经成为健康俱乐部的普通设备了。平衡球有许多不同的品牌，但本质上是相同的产品。

　　这些球的最本质的特征是它们不稳定。可以使用它们来训练你的神经肌肉系统，即你的神经系统与肌肉之间的信息传递。你的神经肌肉系统帮助你维持平衡和在进行某一运动时的平衡性。如你坐在平衡球上，尽力去够一侧，你的身体会很快收到不平衡和可能会跌落的信息。它会自动地调节你在空间的位置，使你保持在球上的平衡。

稳定性练习是整体训练计划的重要一部分，但练习的频率则取决于你。如果你的目标是增加肌肉大小，你就不需要经常使用这些球，因为它不如在器械上花费的力量大。然而，平衡球对于核心力量训练是非常好的，本书中给你提供了很多可以使用平衡球的训练，你可以在训练时选择使用。

当使用平衡球时，球的大小取决于你的训练方法。如果没有充满气的球，球的大小是看不出来的，但可以确保你按压时球不会瘪。当你的上身像桥架在球上时，球应该足够大，这样在你开始训练时你的大腿应该是和地面平行的。然而，当你把腿放在球上进行俯卧撑训练时，你可以调整球的大小来调整训练的难度。球越大，你的身体与地板越远，训练也越有挑战性。在按压训练中，运动的难度也取决于腿的哪个部位是发挥支撑作用的。如果大腿在球上，训练就相对简单些；如果膝在球的上方，难度就会高一些；如果只是脚踝和脚在球上，难度是最高的。所有这些变量在第 10 章到第 12 章都会有所介绍，使你可以选择合适的平衡球来满足自己晨练的需要。

让肌肉开始运动

当你有晨练的动机时,并且从这本书中你可以得到各种训练方法,那么你准备好开始训练了吗?不尽然。我知道这些训练方法对于你开始训练或者把它们运用到你正在进行的训练中是非常有诱惑力的。但是首先,你应该读一下本章,它涵盖了你总体健身计划和早晨力量训练中的一些重要方面。不管你是刚刚接触力量训练还是已经训练了一段时间,这里提供的信息可以帮你进行安全而有效的训练。本章包括的基本内容包括好的姿势、运动的准备、核心部分完整性、保证关节健康避免受伤等等。你会学习到一些简单的拉伸训练,如何确定你是否需要它们,把它们纳入你的计划的方法。你也会学习到4种不同的热身方法,你可以加以选择来使你的身体为训练做好准备。

身体检查

在开始一个训练方案之前，你需要决定是否有必要做一下身体检查。你需要咨询一下医生来判断你是否可以开始进行一种训练。你可能会觉得这很难理解，训练对你有好处，帮助你获得并保持健康，为什么有些人需要在医生许可下才能训练呢？事实上，这是有原因的。

一般来说，训练是身体的一个应激，身体的各个系统在训练时比休息时的工作负荷大很多。你的肌肉在做力量训练时需要努力工作，心脏也需要努力工作才能把血液泵到工作的肌肉中去，血压升高。如果你的身体不能处理这些应激，这可能就会受伤害。如果你有一项或多项心脏病易感因素，如高血压、超重、有家族心脏病发作史，那么你心脏病发作的概率就会增加。当你训练时，你的血压升高（一般情况）、心跳加快。如果你超重的话，训练应激可以诱发咽痛或者胸痛，这表明你的身体中没有得到足够的血液和氧气。在这种情况下，医生在对你的身体进行检查后可能会告诉你要进行低水平的训练或者给你开一些药物。

不管采用什么方式进行训练，你都需要考虑到目前的健康状况。你有家族病史吗？你的血源亲属有因患病而早年去世的吗？你有高血压吗？你知道你的胆固醇水平吗？你超重吗？你抽烟吗？所有这些问题都很重要，许多健康与保健组织在制定的指南中都有说明，这些指南可以帮助人们在开始一个新训练时是否需要进行身体检查。

当然，有些训练项目更激烈，对于这些项目来说医学检查显得更重要。如果你决定要参加马拉松训练，而在你的人生中还没有跑过1英里，那么你在开始前应该做一个医学检查。如果你想参加塑身，而从来没有举过重物，那么你应该让医生检查一下关节是否可以处理这些东西。如果你只是想每天早上进行20分钟跑步这样简单的训练，而且最近一年的体检单没有任何问题，那么你就可以开始训练了。事实上，只要你总体健康状况良好，不必经常去医院作体检，那么开始进行一个中等强度的训练应该是没有问题的，除非医生告诉你哪些训练不能做或者在上次体检中发现了什么问题。在开始本书介绍的任何训练之前，使用下面的问卷来判断你是否需要进行医学检查。

这是由加拿大公共健康中心开发的一个经典问卷（参见 www.csep.ca），它在判断你是否需要医生的同意才能进行训练时是非常有用的，称为体育活动适应能力问卷（Physical Activity Readiness Questionnaire，PARQ），见图4.1。

PAR-Q——体育活动适应能力问卷（2002 年修订）

（该问卷适用于 15~69 岁的人士）

经常进行体育活动不仅有益健康，而且乐趣无穷，因此，每天进行体育活动的人越来越多。对于多数人来说，多进行体育活动是非常安全的。不过，一些人在增加运动量之前，应该先征求医生的意见。

如果你计划增加运动量，先回答下面的七个问题。如果你在 15~69 岁之间，PAR-Q 问卷会告诉你，你在开始前是否需要先向医生咨询。如果你在 69 岁以上并且不经常运动，要先请问医生的意见。

普通常识是回答这些问题的最佳指南。请仔细阅读问题，然后诚实地回答每一道题：在是或否一栏里打对勾。

是	否	
□	□	1. 医生是否曾说过你有心脏问题并且应该只进行医生推荐的体育活动？
□	□	2. 你在进行体育活动的时候，是否感觉胸口疼痛？
□	□	3. 在过去的一个月里，你是否在没有进行体育活动的时候也感觉胸口疼痛？
□	□	4. 你是否因眩晕而失去平衡，或者是否曾失去知觉？
□	□	5. 你的骨骼或关节（例如：背部、膝盖或髋关节）是否有问题，而体育活动的改变能令其恶化？
□	□	6. 医生目前有没有针对你的高血压或心脏病开药（例如：利尿剂）？
□	□	7. 你知道是否有任何其他原因导致你不能参加体育活动？

如果你对一个或一个以上问题回答是，那么

在你开始增加运动量或进行体能评估之前，先通过电话或当面跟医生征求建议。告诉他 PAR-Q 问卷，还有你回答是的那些问题。

- 你可以进行任何想做的活动——只要你慢慢开始，然后逐渐加强；或者，你需要受到限制，只做那些对你安全的活动。告诉医生你希望参加的活动，并听从他/她的建议。
- 找出那些对你安全并且有帮助的社区活动。

如果你对全部问题回答否，那么

如果你诚实地对所有 PAR-Q 问卷的问题都回答否，那么你可以确信你能够：

- 开始增加运动量——只要你慢慢开始，然后逐渐加强，这是最安全和容易的方法。
- 参加一次体能评估——这是确定基本体能的一个好方法，以便你计划运动的最佳方法。还强烈建议你对血压进行评估。如果读数超过了 144/94，你在增加运动量之前，先要和医生征求建议。

推迟增加运动量

- 如果你因暂时的疾病感觉不适，比如感冒或发烧——直到你康复才能增加运动量；或者
- 如果你怀孕或要怀孕——请先和医生征求建议，然后再增加运动量。

请注意：若你的健康情况变化，你对以上任何一个问题回答是，要告诉健身或健康专业人士，询问是否需要改变体育活动。

PAR-Q 使用告知：加拿大运动生理学学会、加拿大健康署及其代理机构毋须为进行体育活动的人承担责任，如果在完成本次问卷后有任何疑问，请在参加体育活动之前向医生咨询。

禁止改动。欢迎复制 PAR-Q 问卷，但须整份使用。

注：如果 PAR-Q 是在一个人参加体育活动或进行体育评估前交给他的，本部分可用于法律或行政目的。

我已阅读、理解并填好本问卷，我的问题已得到圆满的解答。

姓名 _____

签字 _____ 日期 _____

家长或监护人签字（适用于未成年参加者）_____ 见证人 _____

注：本份体育活动许可自填好之日起最长 12 个月有效；若你发生任何变化，并对七个问题中任何一个回答是，本卷则失效。

 加拿大运动生理学学会   得到加拿大健康署大力支持

图 4.1 体育活动适应能力问卷

引自：Action Plan for High Blood Pressure by Jon G. Divine, 2006, Champaign, IL: Human Kinetics.

资料来源：体育活动适应能力问卷（PAR-Q）© 2002 年，经加拿大运动生理学学会许可复制。www.csep.ca/forms.asp

体育活动适应能力问卷——PAR-Q（2002 年修订）

加拿大健康活跃生活的体育活动指南

体育活动增进健康。每一点锻炼都有用，积少成多则更好——每个人都做得到！

用你自己的方式锻炼——在你的日常生活中增加体育活动……
- 在家里
- 在学校
- 在工作单位
- 在游戏中
- 在路上……

这就是活跃的生活！

增加 耐力活动　增加 柔韧性活动　增加 力量活动　减少 长时间不活动

从这三组中选择多种活动

耐力
一周 4~7 天，针对心脏、肺部和循环系统的连续活动。

柔韧性
一周 4~7 天，柔和的外伸、弯曲和舒展活动能够保持肌肉的放松和关节的快速移动。

力量
一周 2~4 天，阻力活动是为了加强肌肉和骨骼并改善姿态。

慢慢开始对于大多数人是非常安全的。不能肯定吗？请向健康专业人士咨询。

合理饮食也很重要。请遵照健康饮食食物指南，明智地选择食物。

每天用你自己的方式锻炼生活更美好！

科学家说，每天进行累计 60 分钟的体育锻炼能够保持健康或改善健康状况。当你进展到强度适中的活动时，可减为一周 4 天，一天 30 分钟，把锻炼的时间段累加起来，每一段至少 10 分钟慢慢开始……然后逐渐加强。

力量决定锻炼所需时间

非常轻松的力量	轻松的力量，60 分钟	适中的力量，30~60 分钟	较强的力量 20~30 分钟	最大力量
• 散步	• 轻松地走	• 快步走	• 健美操	• 冲刺
• 打扫	• 排球	• 骑车	• 慢跑	• 参加比赛
	• 轻松的园艺工作	• 耙树叶	• 曲棍球	
		• 游泳	• 篮球	
	• 伸展	• 跳舞	• 快速游泳	
		• 水中健美操	• 快舞	

保持健康需要的活动范围

你能做得到——开始锻炼比你想象得要容易

体育活动不一定要非常难，把体育活动融入到你的日常生活中。
- 不管什么时候，你能走路就走路——提早下公共汽车；不乘电梯，改用楼梯。
- 减少长时间的不活动，如看电视。
- 每小时从沙发里起来，做几分钟伸展和弯曲。
- 和孩子们一起活跃地玩。
- 短途旅行选择走路、骑自行车或摩托车。
- 从 10 分钟走路开始——逐渐增加时间
- 找到附近行走和骑车的小路，并且应用起来。
- 观察一项体育活动课程，看看你是否愿意试一试。
- 从尝试一节课开始——你不必保证长期坚持下去。
- 做你现在正在进行的活动，经常锻炼。

经常锻炼的好处	不活动的健康风险
• 更加健康	• 英年早逝
• 提高了体能水平	• 心脏病
• 姿态和平衡性更好	• 肥胖
• 更加自尊	• 高血压
• 能控制体重	• 成人糖尿病发病
• 肌肉和骨骼更强壮	（Ⅱ型糖尿病）
• 感觉精力更加充沛	• 骨质疏松
• 放松，压力减轻	• 中风
• 在以后的生活中能够继续独立的生活	• 抑郁症
	• 直肠癌

资料来源：加拿大健康生活体育活动指南，加拿大健康署，1998 年 http://www.hc-sc.gc.ca/hppb-paguide/guideEng.pdf
ⓒ 经加拿大公共工程和政府服务部许可复制，2002 年。

姿　势

在健身术语中，姿势是指骨骼和关节的相对位置以及它们与重力的相对位置。一般来说，最理想的姿势是自然的姿势，这个姿势可以让身体受到最小的压力。但是，这个定义的问题在于，目前社会上大多数人的工作都是久坐的，这样，最小压力的姿势就稍微有些前倾。可以把自然姿势认为是对抗重力的一种自然设计，"自然"的意思是设计时的状态，而不是现在的状态或者承受压力下的状态。

当你有一个好的姿势时，各个部位都处于最佳位置，你的关节和肌肉就会有最少的限制。本章会详细讨论关节与肌肉的完整性。好的姿势也可以让你看起来很挺拔，这样也会提高你的积极自我形象和自尊。

训练中好的姿势对于确定你想训练的目标肌肉和降低损伤的几率都是必要的。训练开始前先检查一下自己的站姿，如果从侧面看你，你的头应该在你身体的正上方，耳朵与肩膀在一条线上而不是在它前面。经常会看到一些人的头伸在肩膀的前面。当头太靠前时，颈背部的肌肉需要努力来支撑头朝上，而颈部前面深层的肌肉作用很弱。这种不平衡可以导致颈部的紧张和不舒服。你的髋骨也应该和你的肩膀、耳朵在一条线上，还有你的膝和脚踝也在这条线上。双脚平行向前，相间大约有臀部宽，肩膀上下移动不应该感到有限制。你的腹肌也应该发挥作用，即腹部不能突出。背部底部应该呈一个轻微的曲线，骨盆应该是水平的，在前面很容易找到你的髋骨。在你的骨盆水平面上，可以看到在背部底部有一个自然的曲线，这样可以让你支撑站立、坐或者运动。图4.2和图4.3是正确姿势的例子。

评价自己的姿势、理解自然姿势的意思以及如何保持自然姿势都是非常重要的，我的许多客户在站立时知道自然姿势的意思，但是，一旦他们开始前倾做单臂划船，他们的背部就弯曲，脑袋探出，颈部弯成弓形。尽管我强调自然的姿势，但在一些训练中也是需要打破这种自然的姿势。例如，当你坐在地板上做旋转训练，你的脊柱就需要左转和右转，而你的肩膀还应该处于自然的位置而不弯向前。当你做箭步蹲训练时，你通常需要跨出一定的角度，这会使你不能保持自然姿势，但当你回到初始状态时还是应该尽量保持初始状态。当你进行坐式训练时，好的姿势意味着你坐在骨盆的底部，也就是你的坐骨上。你应该保持背下部的自然弯曲，以及肩膀可以自由地上下移动。

身体核心区域的完整性对于形成和保持好的姿势是非常重要的，核心区域是身体的中心，就是除四肢外的任何其他部分，是你重力的中心和能量的来源。有一个强健的核心是至关重要的，它可以传递上身与下身之间的负荷，在你的负重训练中也能给你支持。核心稳定性和核心训练在第 11 章进行了讨论。在训练中应该经常使用这些肌肉。

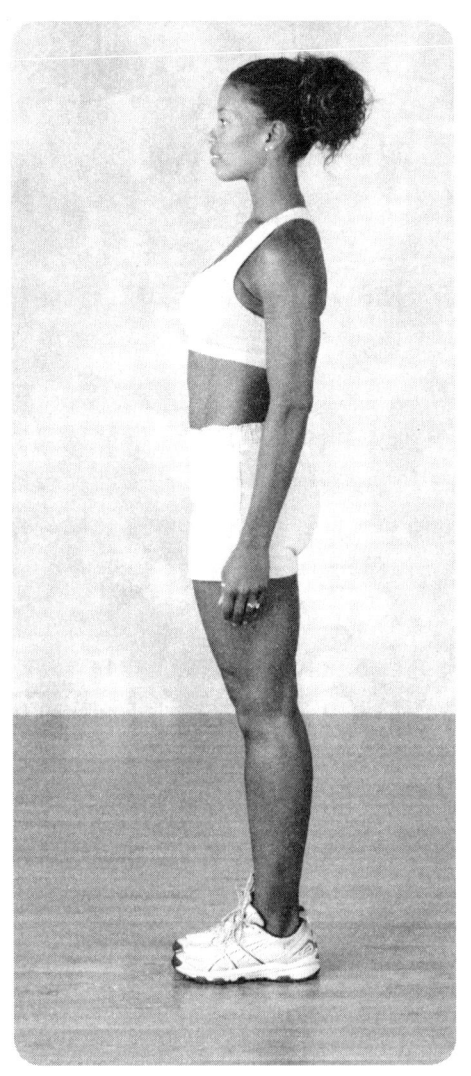

图 4.2　侧视　正确的姿势

图 4.3　正视　正确的姿势

关节与肌肉完整性

你的关节和肌肉对于维持好的姿势来说也是非常重要的，关节和肌肉间的完整性可以让你更有效、更安全地进行负重训练。如果完整性受损，就不能进行高强度的力量训练，这样受伤的几率也会增加。肌肉的不平衡可以导致完整性丧失。从本质上讲，肌肉正常工作都有一个最佳长度，过长或过短都会使骨骼处于不平衡状态。同时，另一侧与之相对的肌肉也变得更长或者更弱，这样也增大了不平衡的关系。

我们来看一个肌肉不平衡的经典例子，以及它与关节之间的关系。许多人的肩膀有前倾的表现。如果从前面看的话，你可以看到他们的手臂好像旋转过一样，因此能看到他们的手背。这种姿势可以有几种因素造成，其中一种就是训练方法不正确，背阔肌下拉就是一例。第 10 章上身训练中对此有所介绍，在拉单杠时肩膀应该上下活动，如果拉动过程你让肩膀前倾，由于肩胛骨离开了正常的位置，你的背阔肌就不能有效地收缩。如果长期肩膀前倾，将导致三角肌或者肩部肌肉变得越来越短。胸部训练也会导致这种姿势，这是由于胸肌与臂的附着方式，导致手臂向里旋转。通常，希望胸肌越来越发达的人倾向于做更多的胸部训练，而背中上部肌肉的力量训练就相对较少。而且，如果你的工作是坐在电脑前，这样也会增加你的肩膀前倾的倾向。结果由于肩膀部位肌肉的紧张和缩短导致肩关节的肱骨被向前拉，而背中上部肌肉和肩膀背部的肌肉则延长和变弱，进一步巩固了这种姿势。

为了减少或者避免这种姿势，要清楚自己的姿势并且在训练中使用正确的训练方法，也可以在你的力量训练计划中加入对背中上部的训练。最后，也可以向你的健身教练进行咨询。如果你有肩膀前倾的姿势，为了防止你接电话时总是把脑袋歪向一边最好可以戴上耳机。也应该确保椅子足够高，这样可以让你的上肢舒服地放在桌子上；你也应该坐得高一些，这样也不需要上肢向前伸太多，避免形成肩膀前倾的姿势。

如果你理解一些有关主要关节完整性的基本信息，那么，当有些部分出现不正常时就可以进行重新调整。你可以使用一些基本的训练技术，包括拉伸练习和专门为释放紧张而设计的练习，这样可以使关节恢复到正常状态。这一节介绍了一些拉伸训练和可以使肌肉与关节保持完整性的训练。读完了这些在脚踝、臀部和肩部可能出现的一些不平衡，你就可以判断自己是否需要使用本节建议的方法。比如说，如果你一整天都坐在桌子前，检查自己的姿势发现肩膀前倾，那么在你的训练中就应该加入伸、转和举的练习，甚至每天都进行练习。或者如果你拉伸小腿时感觉很紧，这就意味着你应该经常做拉伸练习。几周后如果发现小腿不再那么紧了，就可以隔周做下拉伸练习。这称为维持完整性训练。

脚与踝关节

由于很多训练都是在站立或者移动脚步时完成的，因此脚与脚踝的完整性在拉伸训练中就显得非常重要。当你的脚和脚踝周围出现不平衡时，你的脚就容易向一个方向扭动而使你感觉不稳定。

许多人由于肌肉不平衡而存在脚和脚踝周围的疼痛。如果你的足弓太平或者太高，脚部和胫骨周围的肌肉就会变得更紧或更长，这样会导致膝部不舒服。甚至还可以通过身体链导致臀部和背下部的不舒服。这种不舒服会影响你的训练，也会给你的力量训练造成损伤。

了解什么是脚和脚踝的自然状态可以帮助你缓解疼痛和预防其他可能的损伤。穿上短裤、光脚站在镜子前、两脚平行、与臀等宽。你的脚是扁平的还是弓形的？你的足弓是否很高，这样你的所有重力都集中于脚的外侧？观察你的腿和脚，把整个腿向里翻或向外翻。当你向里翻的时候，你应该看到足弓会变平（前旋），当你向外翻的时候，你应该看到足弓会上升（后旋）。找到一个中间点，然后保持住，这是一个好的、自然的位置。达到这一姿势与买一双好的运动鞋的效果是一样的，运动鞋里垫了一些东西可以让足弓维持自然位置。走路的时候，很自然地脚接触地面时脚和脚踝是前旋，抬起的时候脚和脚踝是后旋。然而，许多人前旋过多导致整个腿部的紧张。

如果你的足弓很容易拉平，可能就需要去让足病医生看下是否需要矫正手术。如果你可以提起你的足弓但需要努力来维持这一姿势，你可以采用手持哑铃单腿着地脚跟提起脚向内拐的方法进行训练，这将在第12章里详细描述。脚向内拐可训练有助于足弓完整性的肌肉，尤其是位于小腿深处与足底相连的胫骨后肌。当它收缩时，使足弓的肌纤维缩短，有助于脚保持较低程度的前旋。开始训练时尽量每回都做两组15~25次的重复练习，当足弓完整性有改进时，可以减少次数来维持效果。

如果你的足弓比正常人高，走路时主要靠脚的外沿，可能你也需要了解一下是否适合做矫正手术。你的脚与脚踝周围的肌肉可能太紧或者太短，当然也可以通过小腿拉伸练习获益，或者通过SMR（自我肌筋放松，self-myofascial release）来放松腿外侧的肌肉。SMR是一种放松肌纤维紧张的技术，本章前面介绍的许多不平衡均可导致紧张。当肌肉失去平衡时，由于蛋白丝不在适当的位置，随训练收缩的肌动蛋白和肌球蛋白就不能有效地相对滑动。所以包裹着肌肉的筋膜也变得更加紧密。你按压整个区域能够感受到这种绷紧的感觉，好像肌纤维打了结一样。

　　SMR 类似于一个舒适的按摩，你觉得某个部位比较紧张，告诉他们按摩这个部位。压力点按摩就是基于这一原理。当你做 SMR 练习时，可以使用泡沫滚轴或者网球来给这些部位施加压力，帮助这些部位进行神经释放，这样可以减少紧张感。聚苯乙烯泡沫滚轴有不同的型号，对于 SMR 练习来说，可以从健身器械店购买一个 0.9 米圆形的滚轴。

　　小腿肌肉进行 SMR 训练时，坐在地板上，小腿压在滚轴上面，滚轴两端朝向两侧。轻轻地移动你的身体，这样滚轴在你的小腿底部上下滑动。你也可以把左腿放在右腿上增加压力。不要担心找不到紧张点，它们会自动找的。转动你的腿，使小腿外侧位于滚轴上（图 4.4），然后再做内侧。当你感觉有绷紧的感觉时，试着停在那一点，或者尽量接近，呼吸 20~30 秒钟。你将会感到紧张降低，有更多的血液流到这一部位。训练开始时做这个练习可以帮助血液和氧气流动以及降低紧张。正如在第 2 章所讲的，你也可以把网球装在袜子里获得同样的效果。

　　另外一种降低由于足弓高引起腿外侧肌肉紧张的方法就是做小腿拉伸。面对一面墙或者一把椅子，左腿在右腿前 1 米处，保持髋骨静止，右腿后脚跟用力蹬地板，整个身体向前压（图 4.5）。做这个拉伸练习时，可以感觉一下从腿部到脚部的这种拉伸。两只腿交换一下，再次感觉一下。也可以把这个练习作为热身活动的一部分，尽量多做。如果你觉察拉伸有一个较大的进步，最好坚持每天都做上几分钟。如果你发现几次后这种紧张感减弱了，你也可以在需要的时候进行这个训练——比如说因为剧烈训练（如长跑）后。

图 4.4　小腿 SMR

图 4.5　小腿拉伸

髋关节

你的髋关节是你的大腿骨与骨盆髋臼的交汇处。一般来说，我们说髋关节时指的是整个骨盆。髋关节的重要性在于它可以协助背下部。当髋关节的肌肉结实并且平衡的话，你的背后部正常工作时不需要做出太多努力。你的习惯可以影响这一点，如当你弯腰捡起地上的东西时，你应该从髋关节往下弯，臀部后推。这样可以使你臀部的肌肉有效地工作。如果不这样做的话，你就要从脊椎弯曲，这样就会给脊椎周围的韧带带来不适当的压力。

所有开始于、依附于或者经过骨盆的肌肉都是作为一个整体的，髋屈肌负责骨盆向前倾斜，增加背下部的弯度。当所有这些肌肉长度适当时，骨盆就处于自然的位置。腘绳肌在维持骨盆和骶骨关节完整性方面也有重要作用，骶骨关节是骨盆的两半与骶骨的交汇处。这种完整性对于背部底部的健康也是有重要意义的。

长时间坐也会影响整个髋关节和脊椎的完整性。即使是一个好的姿势，髋屈肌也会长时间处于收缩状态，这点后面再讨论。接下来让我们看一下另外一种腘绳肌对髋关节的完整性造成影响的情况。腘绳肌有三块，从骨盆底部开始，沿着大腿后部向下，系于膝盖下面的胫骨和腓骨。不良的坐姿可以导致髋关节的腘绳肌缩短和紧张，这种拉力使骨盆向后倾斜，降低了背下部的自然弯曲——可以想象一下你坐在桌子前，臀部往里缩，背下部向前弯曲这个姿势。由于脊柱是向前弯曲的，沿着脊柱的肌肉变得更长。肌肉通过收缩来保护位于非理想状态的脊柱，因此背部的疼痛其实不是背部的问题。

可以采用这种方法来了解你的腘绳肌是否缩短，双脚开立，与臀等宽，把右脚跟放在一个较高的表面（如台阶），保持膝部笔直（图4.6a），保持背下部的自然弯曲，髋关节以上向前倾斜（图4.6b）。如果你在倾斜到上身与腿垂直之前感到大腿后部腘绳肌有拉伸的感觉，那么，你需要通过维持这一姿势20~30秒钟来拉伸你的腘绳肌。

图4.6 腘绳肌拉伸 (a) 起始姿势，(b) 结束姿势

我们来看另一个例子，髋关节周围的肌肉可以造成膝部的不舒服。你可能发现当你蹲坐或者压腿的时候大腿倾向于内陷，这通常是由于髋关节外侧的肌肉变得无力的缘故，这是臀中肌，位于较大的臀大肌下面，它的一个任务就是在你行走或奔跑时防止大腿骨滑动太多。每跨一个台阶，腿向里滑一下（前旋），这是正常的；如果这块肌肉较无力，你的大腿骨就会向里滑很多，并维持这种状态。也使膝盖脱离了正常位置，增加了它周围的压力。这样可以导致髂胫带紧张，这当然不是膝盖的问题造成的。为了解决这一问题，你需要加强臀中肌的训练。第12章中将要介绍的绑缚走练习对于这块肌肉非常有效。如果你的大腿确实有些内陷，在开始这项训练前可能会觉得非常有难度。每次训练前做这项练习直到你发现蹲坐或者深蹲或者箭步蹲时很容易使两腿与臀等宽。此后，你可以偶尔做下练习以维持完整性。

你的髂胫带，也称为 IT 带，是个纤维带状组织，从你的臀部下延伸到大腿外缘，直到膝盖下的胫骨。由于跑步需要髋关节和膝关节的持续伸缩，还有内部大腿骨的转动，重复性移动如跑步可以刺激膝盖外侧的其他附属物。如果你的臀中肌比需要的弱小，大腿又滑动很多，你的髂胫带缩短，因此它与膝盖外部胫骨的连接变紧，导致膝关节不舒服。由于髂胫带的组成，所以很难进行拉伸练习，但进行 SMR 练习是非常有效的。

对髂胫带可以进行 SMR 练习，坐在地板上，右侧大腿的外侧放在滚轴上。左腿与右腿交叉，左脚着地获得更多的稳定性以支撑你的上身（图 4.7）。上下滚动，直到你感觉到沿着髂胫带的紧张点。在敏感部位维持这一姿势 20~30 秒钟，然后换左腿。

图 4.7　髂胫带的 SMR 练习

让肌肉开始运动

前面提到，不良的姿势如坐时经常身体前倾弯背可以导致腘绳肌变紧和变短，也可以导致臀屈肌变紧和变短。臀屈肌在维持髋关节完整性方面也具有重要作用，腰肌系于脊椎和位于骨盆内部的髂骨的腹面。总的来说，它们位于大腿骨上。四头肌中的股直肌也协助髋关节的伸缩。即使以较好的姿势坐着，这些肌肉也会缩短，因为髋关节的弯曲使背后部与大腿的距离比站着的时候更接近。由于这些肌肉变紧和缩短，它们可以使你的骨盆向前倾斜，增加背后部的弯曲。由于腰肌与椎骨相连，因此也会导致脊柱的不舒服，或者背后部疼痛。如果按照前面我们描述的方法检查你的姿势发现骨盆前倾，你可能会感觉到下面提到的臀屈肌拉伸。

做臀屈肌拉伸是这样的：双脚开立，与臀同宽，右腿位于左腿后约1米，保持髋骨自然，右脚跟着地，右腿向里转。收腹提臀，使背下部变平，骨盆稍向后倾斜。右臂伸向天花板，然后向左伸（图4.8）。你应该可以感觉到大腿到腹腱间有拉伸的感觉，坚持20秒钟，如果你感觉有很强的拉伸，你应该坚持每次训练前都做下这个练习。当拉伸不再那么紧张时，你可以偶尔做下就可以了。

图4.8 臀屈肌拉伸

如果你的臀屈肌比较紧张，骨盆前倾，这样你的臀大肌就很难正常工作，因为它处于一个延长的状态，很难收缩。你可以用下面的方法来快速地给自己做个诊断。双脚站立，与臀同宽，臀部往后伸，尽可能增大背后部的弯曲。然后试着收缩你的臀肌。你可能发现非常困难，甚至是不可能的，因为这个位置从生理上讲是很难收缩的。连锁反应往下进行，梨状肌很快开始工作，非正常的收缩导致这个区域更紧张。梨状肌是位于臀大肌下的一种回旋肌，如果这块肌肉变紧或者发炎，就会刺激坐骨神经，导致大腿背部有紧张感觉。如果你感觉这个部位不舒服或者你的臀屈肌比较紧张，可以做一下梨状肌的 SMR 训练。你也可以使用第 12 章介绍的桥和第 11 章介绍的核心深部稳定器来加强你的臀大肌。

可以这样做梨状肌的 SMR 练习：坐在滚轴上，双手放在后面支撑身体，稍微向右转一些，在那一侧臀大肌周围慢慢移动滚轴（图 4.9）。当你感觉一个敏感的部位时，保持 20～30 秒钟，然后换左侧。

图 4.9 梨状肌的 SMR 练习

肩　膀

你的肩胛带由后面的肩胛骨、前面的锁骨和胸骨组成。对于一个好的姿势来说，应该保持肩胛骨上下移动没有限制。肩关节由肱骨与肩胛骨的窝组成，肱骨有较大的移动空间，但由于其他肌肉和肌腱的影响，肱骨上部的移动空间较小。当你使用不良坐姿如肩膀前伸或者使用错误的方式负重训练，可以导致肱骨位于肩关节过于靠前或过高的位置。当肱骨不在正确位置时，肌腱收缩，导致举起上肢时不舒服。

当你从侧面看你的姿势时，你的肩膀是否有些向前弯曲？你可以不费力地把肩膀收回到原来的位置吗？在较长的一段时间维持这样的姿势是否困难（比如说当你坐在桌子前的时候)？你应该总是能够保持肩膀可以轻松地上下移动，这在负重训练时非常重要；在这个部位增加压力使骨骼处于恰当位置显得更为重要。

另外一个需要注意的是，当你做一个练习如划船，你的肩胛骨应该与上肢一起移动。这并不是一个很大的移动，只是肩胛带与肩关节的节奏接近一致。当肩胛带与上肢一起移动时，肱骨就会有更大的空间移动，也不会对其他肌肉和肌腱造成挤压。

如果你发现肩膀有些前伸，要维持肩膀轻松地上下移动也比较困难，那么你就应该做更多的背部肌肉训练。一般来说，这意味着要做更多拉的练习而不是推的练习，比如更多的划船而不是胸推。

一个保持肩膀健康的练习就是伸展、旋转和抬身（p155）。这是一个整合的练习，需要身体许多部分参与来使身体处于一定位置。它可以使你的下斜方肌工作，下拉肩胛骨，因此放松了上斜方肌。如果你觉得这个练习比较困难的话，每次训练前都应该做25个举的动作。当你肩膀可以轻松地上下移动，姿势有较好的改善后，可以偶然做一次加以巩固。

你也应该判断前面的肌肉是否紧张，这可能是由于肩膀前倾或者做了太多胸部练习造成的。身体右侧靠近门框站立，举起右臂，肘关节略低于肩膀的高度，形成一个直角。右臂尽量靠着门框表面，轻轻前倾，上体稍微向左转，坚持20秒钟。你应该感到身体前面（胸肌或者肩膀的前面）有拉伸的感觉。如果你感觉有很大的拉伸，应该每次训练时都坚持练习直到很容易做到。如果只是有轻微拉伸的感觉，那么只需要偶尔做一下就可以了。

热身运动

开始正式训练前的最后一个步骤就是热身，每次训练都应该以热身运动开始。如果你决定再做一些拉伸、SMR或者本章前面提到的一些练习，这个时间也可以做这些。

晨练前的热身比一天晚些时候的热身更为重要，由于晚上睡觉时肌肉和关节需要较少的血液和氧气，因此很容易体温降低。晨练前的热身可以帮助你增加血流量、提高体温、使你的肌肉和关节做好训练的准备。这样做是非常重要的，因为凉的肌肉和关节不能迅速有效地对应激做出反应，这就很容易导致受伤。

热身也有助于你提前将注意力集中到训练上来。今天需要做哪些训练？有没有难度高的需要你集中注意力的练习？它也可以让你了解自己身体各个部分的感觉。在你完成这些热身运动时，你将有机会发现某些部位比较僵硬，因此如果必要的话可以对后面几分钟的练习做一个小小的调整。比如，如果在上一次训练同以往相比，你感觉完成腿部练习很有难度，或者感觉很酸，那么今天你可能需要训练时间短一些或者做一些手臂的练习。

有很多形式的热身训练方式可以选择。在家里或者户外你都可以采用踏步或者跳跃运动。在健身房可以采用不同类型的心血管运动器械，如踏车、自行车、椭圆训练器，最好将这些器械设置为较低的强度水平。当你的身体开始出汗，呼吸急促，心率加快时，你就可以准备开始了，这大约需要5分钟。

除了前面我们描述的各种传统的心血管运动器械外，这一部分也为你提供了4种其他的热身方法。第5章介绍了整体训练，但基本上说，这些热身练习也是基于整体训练的思想——即在三个平面上移动身体（前后移动、左右移动、旋转）。这样可以刺激你的神经肌肉系统，即肌肉与神经之间的连接，这样有助于你更有效、更协调的运动。第一个是核心部分的热身运动，第二个是基于几个部分：体重、移动方向以及为了保持肩膀健康的伸转举练习，第三个热身使用平衡球，第四个热身使用重力球，基于蹲坐和对角线模式。这些除了可以作为热身运动的选择外，也可以作为家庭、户外或者健身房进行训练使用。

核心部位热身

这个热身运动主要集中于你核心部位的肌肉上，也包括身体的其他部分。如果你想让身体中部更紧，这个热身训练是个不错的选择。你也可以在家里把它作为一个训练进行，整个系列重复4~5次。如果你错过了普拉提训练的话，做这个练习也可以进行弥补。由于核心部位是上身与下身之间力量传递的部位，因此这个热身运动可以让你的身体在休息了一晚上之后为力量训练做好准备。如果你准备做较大体重训练的话，这个热身运动对你的帮助就更大，因为核心可以帮你从内向外更加稳定，使你更容易负重训练。所有这些练习在第11章都有介绍，整个系列进行2次。

- 仰卧屈腿单腿抬保持练习：p160。每侧10次。
- 坐式平举哑铃旋转：p169。由于是热身运动，不需要额外的抵抗力。每侧10次。
- 俯卧屈臂支撑：p164。10秒钟。
- 侧向单手屈臂支撑：p166。10秒钟。
- 背部伸展练习：p175。10次。
- 俯卧直臂支撑练习：p165。10秒钟。
- 侧向直臂支撑练习：p167。10秒钟。

体重热身

它在三个平面上进行移动，因此基本上包含了各个方向运动。这对于神经肌肉系统的运行非常有利，因为这要比单纯的前后移动或者传统的自行车热身更复杂一些。在这个热身运动中，你需要伸展、旋转、上举，这也是肩膀和上身姿势的矫正性练习。还有脊柱稳定性练习，异侧肢体伸展支撑练习和压腿，这样可以帮助你活动臀部周围的肌肉。整个系列需要做 2 次。

- 向前箭蹲一侧弯曲：双臂举起，右腿向前跨一步，同时上身向右腿弯曲。每侧做 5 次。
- 持哑铃箭步旋转练习：p194。向前跨步不要太大。一次顺时针旋转，一次逆时针选择。
- 俯卧撑：p136。5 次。
- 伸、转、举：p155。5 次。
- 异侧肢体伸展支撑练习：p163。5 次。
- 仰卧屈腿支撑的桥练习：p200。10 次。

用平衡球进行全身热身

如果你喜欢使用平衡球的话，这个热身方法很适合你。这个方法可以挑战你的核心部分肌肉和你的平衡感与稳定感。一般来说，相同的训练使用平衡球要比不使用对你的核心肌肉要求更高。如，当你进行桥练习时，你的核心肌肉必须要维持你在球上的平衡，这要比在地板上做这样的练习难度高一些。使用健身球意味着更大程度地挑战你的神经肌肉系统，在第 5 章会详细解释。偶尔的进行此项练习可以增加你力量和幅度的同时，也增强了你的协调性与平衡感。做以下的整个系列动作 2~3 次。

- 异侧手臂抬起的单腿下蹲练习 p187。尽可能坚持。
- 下身在平衡球上的支撑练习 p198。10 次。
- 上身在平衡球上支撑的桥练习 p199。10 次。
- 平衡球上滚动练习 p134。尽可能坚持 5 次。
- 腿在平衡球上的俯卧撑 p139。尽可能坚持 10 次。

用重力球进行全身热身

使用一个 0.9~1.8 公斤的重力球,确保不能太重,如果开始感觉重的话,可以先用装水的瓶子代替,逐步替换为重力球。如果你的目标是感到一种阻力,这样把它举在你的面前就让核心肌肉参与了练习。两脚开立,与臀同宽,持球于胸前。臂要直,同时要保证肘关节放松。蹲下然后起立,站起时将球举过头顶(图4.10)。整个运动过程中核心肌肉都要参与,从下往上移动用力稍微多一些。8 次重复后,变化角度,向左脚下蹲,双脚着地,身体轻轻转向左,然后把球举过头顶,位于右侧肩膀上方,在身体上划一个对角线。可以想象为蹲下捡起左脚边的一个袋子,袋子不太重所以不需要整个身体转向这边,只是蹲下时右膝稍往左转(图4.11)。你可以假装在站起时要把球扔到肩膀上来使这个任务更有挑战性,臂要直,同时保证肘关节放松。你很快就会发现你的腹肌和整个核心部分是如何控制运动的。做 8 次,然后换另一边,把球从右脚举起到左肩膀上方。最后一个步骤是,站立,双手持球于身体前面,身体从一侧转向另一侧,臂要直。先转向右再转向左,这个过程中脚要一直着地(图4.12)。

 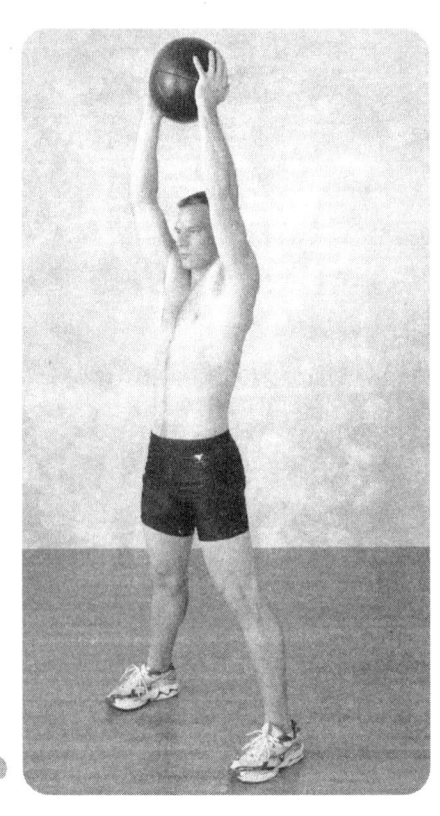

图 4.10 竖直移动:(a)开始姿势,(b)结束姿势

图 4.11　对角线移动：（a）开始姿势，（b）结束姿势

图 4.12　水平移动：（a）开始姿势，（b）结束姿势

5

逐步完善你的训练计划

如果你是一个晨练者，那么你就要正确地制定你的训练计划（以确保你不会半途而废）。现在你需要的是，要怎样尽可能有效地利用你的时间以及确定你训练计划的目标。要时刻记得，没有一个计划是可以适合所有人的。因此，更重要的是，确定哪一种训练计划是适合你的。你的晨练活动是属于你的，并且应该按照你的个体需求进行设计。

这一章将帮助你设置目标、追踪过程，并且确保你所做的活动有效果、有效率，它能够帮你作出最好的选择。首先介绍建立目标，而目标是任何活动成功的基础；之后会向你展示为了达到这些目的，要怎样从第 6~9 章中选择出最好的方法。这也会帮助你理解为什么你可能需要变动本书中所提供的练习活动以及如何去调整。整合训练的概念将会在本书中出现，这意味着训练的过程要挑战更多变数，而不是简单地把负重训练相加。日志样表向你展示如何记录你的训练过程以及你的饮食和能量水平。最后还有重要的一点，我们还讨论了休息和训练过渡，以便于你可以避免不必要的挫折并且获得晨练的最佳效果。

设置训练的目标

很多人从来没有为他们的训练设置任何适当的目标，这是一个很大的错误。设置目标帮助你为训练设置路径，并确保你清楚为什么要负重训练，以及为什么你要做特定的训练活动。目标的现实性、特定性和可测量性是非常重要的。纽约决议中经常展示那些错误的目标的例子。人们喝醉的时候会说他们要开始做运动或者要开始塑身。有这样的意向是好的，但是只是简单的说说是不够的。你需要做更进一步的事情，设置一个现实的、特定的、可测量的目标。下面的内容就是有效目标设定的组成成分。

现实性。现实性意味着目标对你的生活方式和你的许诺水平是相符的。这使你更有可能将计划坚持到底。你可能会心血来潮进行锻炼。可能你尝试工作之后去健身房，一段时间之后你就意识到，你的时间表总是赶不上变化或者你更喜欢去消磨时间而不是健身房。当你意识到晨练对你来说比较方便，你就会进行相应的调整。这就是现实性。让事情变得更简单，也让你成功的几率持续地增长。设置一个现实的训练目标是很重要的。你想变得强壮吗？如果是的，那么你每周应该训练几天？你的晨练应该花多少时间？如果你想要增加全身的肌肉，但是却想每周只训练两次，每次30分钟，那么对于自己这就是不现实。因为想要达到你的目标，这些时间是远远不够的。

特定性。你越是特殊，你就越能更好地选择某种必要的运动来达到你的目标。举例来说，如果你的目标不太明确，只是想要变得强壮些，但是头脑中并不清楚——相反，如果你已经明确了，那么就可以通过体重练习例如俯卧撑、引体向上变得更强壮——你就可能会选择一种导致你走向不同方向的方法，例如一种强调使用肌肉的训练方法。当然这并不是说，你不能从这些训练中得到任何的好处。只是说你的身体不能通过你所做的运动或者练习让你的身体得到准确的训练。在这个例子中，你调整得越多，你就会做得越好。一般来说，目标特定性越好，你就越有可能准确地知道你需要做什么运动来达到你的目标。

可测量性。设置可测量的目标意味着制定一个基于特定行为人的计划，并建立一个标准，这个标准是你根据自己的目标你所制定的运动量——这样你就可以知道你达没达到你的目标。你需要描述达到目标所要做的准确活动量。例如，如果你决定要做俯卧撑进行训练，这就是一个目标，但是具体来说，你打算怎么做来达到这个目标呢？你想要在多长时间之内做到多少个俯卧撑呢？也许你决定你的目标是能够做20个标准的俯卧撑，并且你想要在你40岁生日那天之前能够做到，也就是两个月之内。为了达到你的目标，晨练是很有帮助的，不论之前你是否进行过训练，你都可以按照你最好的表现做尽量多的俯卧撑，在每周的周末你将能够比上一周多两个俯卧撑。这样你就有了一个目标，并且这个目标每天每周都可以进行测量。

那么，从例子回到你自己。在你开始训练之前，知道你最终想要的是什么很重要。你可以问问自己这些问题：你晨练的目的是什么？想一下你的生活方式，你想要从训练中得到什么？在早晨你有多少时间可以进行晨练？一旦你确定了这些事情并为自己设定了一个目标，那么接下来就要看你如何开始训练了。你一开始要做多少次，重复这个次数多少天？下面的文章我们讨论了不同种类的训练，你可以运用它们来达到你的目标——这些目标涉及强度、大小、耐力、力量和一般健康与保健——以及你选择某种类的训练而不是其他种类的理由。下面的文章也解释了你需要考虑的更多本质性的细节，例如训练的过程中你开始和重复的数目。一旦你根据你的目标确定了训练的种类，你就可以从这本书中的第二部分选择一定数目的活动项目来达到你的训练目标。在这本书中，你将会经常看到不同的目标却会包含相同的运动项目，但是如果这些项目的目标不同，那么项目的开始、重复、负重训练的数目都是不同的。你按照计划实施之后，下一步应该要进行监控，看你自己是否每周都投入了足够的时间和训练。如果没有，你就要增加每周训练的数量或者是强度。或者如果你完成目标有困难的话，就必须要调整你的目标。要记住，这是设置一个合适目标的现实部分。

强　度

你的主要目标是增加你的力量吗？变得更强壮对于你来说要做些什么？你想要比现在更强壮的准确理由是什么？很多人只是简单地喜欢来自于力量增加所带来的感觉良好。一般来说训练会使你的身体感到舒适，这会鼓励你去尝试看，是否一段时间之后你可增加负重。也许增加力量对你来说很重要，因为你在日常的生活中感到身体虚弱。也许是你在假期中注意到你要将行李放到飞机的行李架上时很吃力。在你的日常生活有力气做事情而不会发生扭伤和劳累，这是生活健康至关重要的一点。不管你的理由是什么，计划训练，增加你的力量，对于你增加自信是很重要的。

你有没有注意到做完运动之后的一段时间里你的力量有显著的增长？这是由于神经对训练力量的适应性所造成的。这就意味着一旦你的躯体神经和肌肉学会了如何去做训练，它们就能够很快地操作更重的活动。这种学习被称之为"发动模式"，意味着发展以及之后运用正确的力量做出准确的运动，就像是掌握了骑自行车的诀窍一样。一旦你知道了如何去做，你就可以通过一段较长时间的连续练习来做到。

为了增加你的力量，你每周至少需要训练两次。你不需要做很多的重复运动来增长力量——除非是 8~10 岁，因为这个年纪非常适合晨练，这个年龄的时间过得非常得快。正如刚才解释的，力量很大程度上是神经学的，也就是说，事实上你不需要大的肌肉组织来使你变强壮。换句话说，如果你最多能负重训练 15 次，但是你举 8 次就停止，那么你不会得到你想要的结果。根据最佳的重量总和，当你重复了 10 次之后肌肉会酸疼。如果你发现你表现好时可以举重超过 10 次，那么下次的时候你就要增加举重的次数。下肢训练的练习增加的重量大约是每次 10%，上肢训练的练习每次增加 5%。当然这也只是一个平均的水平。如果你增加了 10% 的重量却只能多重复 5 次，那么你就要将重量再减轻一些。训练过程中重量合适的话，你将会感觉更好。

当你训练的时候，你应该要用 2 秒钟的时间慢慢地举起，保持举起的姿势 1 秒钟，然后用 4 秒钟慢慢地放下来。因为你负重是相当重的，每次运动的时候都会使用许多的力量进行控制。举例来说，当你举哑铃的时候，你将哑铃放低，确保你的上肢不是和地板完全垂直，然后让你的手肘突然地伸直，这时候你的运动应该是缓慢和慎重的。在举重的过程中，你应该总是控制着你的力量，这一点在晨练的过程中是尤其重要的，因为你还没有热身。当举起相当重的重量时，将运动的幅度保持在一个保守的范围内——这能确保你很容易地控制运动并减轻关节的压力。使用这些方法将会确保你安全有效的训练。

大　小

也许你已经决定要增大你身体肌肉的尺寸以便使自己看起来更有肌肉感。为什么你想要更多肌肉呢？是因为这样会让你感觉更好吗？很多人认为想要身体变得更有形只是一个很肤浅的目标，因为它只关乎美学。但是美学的目标也没有什么不可以。毫无疑问，如果你外表好看会让你的自我感觉良好，也会让你提高自信心。对你来说这会是很强的动力，甚至会给你自信让你去做好生活领域的其他事情，而这些正是你很想要改变的。

那么有哪些肌肉是你想要强调的，或者你想要变得有形呢？要变得更有形，你需要投入相对较多的时间和能量来训练，这和目标是一般的增加力量训练相比较而言的。你需要更多的食物和刺激，这就意味着大量的训练——更多的重复次数和更多的训练。你可以询问任何的健身教练，增加肌肉的大小有多困难——回答往往是"非常困难"。你需要理解的第一件事情就是你受基因遗传的影响能将肌肉练到多大。所以这是和父母有关系的，不能责怪其他人。一些人有较多的快速抽动肌肉纤维，有益于肌肉变得更大，一些人有较多的慢速抽动肌肉纤维，不能产生很大的强度。但是，可以一次又一次地维持紧缩状态，这使得他们更适合较轻的重量和较多的重复。除了基因潜在的影响之外，你还需要吃得足够多，你必须要花很多的时间来进行负重训练。当你开始训练来增加身体肌肉大小时，你在设置目标的时候要时刻记住这些因素。

如果你想增加肌肉，你每周至少需要做 3 次训练，每次 60 分钟，如果你在早晨没有那么多的时间，这本书中还有其他的方法来操作。你可以做 30~45 分钟的训练，这些是强调上肢或者下肢的训练——只要将一天之内两次不同的时间段的上肢练习相结合，将第二天的两次不同训练时间段的下肢练习也进行结合。或者你也可以在第 10 章中挑选上肢练习来安排你的训练计划，然后下一次再在第 12 章中挑选下肢练习。

如果你的目标是增加肌肉数量，那么你就需要做更多的重复次数，这是同你的目标为增加力量时说的更多。因为增加重复的数目对于刺激肌肉纤维是必需的，这样它们就可以达到被称之为过度增大的状态，你需要做的是使用比训练力量时轻一点的重量。以肌肉为训练目标，在开始的时候你需要每次训练都做较多的次数，并且每周训练的次数要更多。这就意味着你要增加训练次数。

挑选一个重量，是你可以举起 10~15 次的。重复 10 次是塑造体形的最低下限，也是训练力量的最高上限；这二者之间只有轻微的差别。在每一个个案中，要确保每一个重量都不能让你举重超过 15 次。再强调一次，要寻找你形体塑造的理想重量，下肢训练的增量为 10%，上肢训练的增量为 5%。如果有人觉得太重了或者太轻了，可以相应的进行调整。在工作之前晨练或者其他训练，意味着你必须是有效率的。选择合适的重量是很重要的，这样才可以从每次训练的重复次数和开始次数中获得最大的好处。

耐　力

你想要使用你的力量训练来发展你肌肉的持久性吗？肌肉的持久性和肌肉的力量是相关的。但是持久性意味着能够长时间地做某一特定练习和运动。在日常生活中，这就意味着你一次又一次地抱起你的小孩不会感到疲惫。也许你会想起，最近一次你整天都在扛箱子的时候感觉那么地疲惫。

当你被要求长时间做事情的时候，你需要持久力训练。如果你想要在长距离的骑自行车活动中表现较好的话，持久力练习是很合适的，因为这能改善长途骑车过程中肌肉吸收和使用氧气的能力。如果你是一个车手，你也需要力量来爬陡峭的山坡。那么长跑这项运动如何呢？跑步一般都被认为是忽视力量练习的运动，特别是对于上肢来说。事实上，在长跑中你的上肢是非常重要的，因为它要为你的腿保持平衡。跑步中你也需要运动你的上肢。持久力训练对于各种训练目标来说都是很有用的。

为了增加你肌肉的持久力，你可以尝试每周两次运动——如果可能，是较长时间的训练，对于持久力的训练计划，要选择一个你可以举起15~20次的重量。重复次数的增加意味着你可以挑战慢速抽动肌肉纤维1分钟以上。这使得肌肉能够更好地吸收和使用氧气并且可以一次次地收缩。你在运动的最后时刻要挑战你的举重的重量，要坚持活动直到失败了再也不能举起为止。持久力训练中，举重的速度要比力量训练和塑形训练稍微快一点，并且也不需要保持收缩的姿势。用1~2秒钟的时间负重训练之后立刻放下，大约花费2秒钟。虽然运动很快，但是你应该总能感觉到你在控制它——不要使用惯性来协助你的运动（例如在仰卧起坐中使用惯性，让你的肩膀在板子上反弹来帮助你运动）。你可能需要修改练习，尤其是当你开始感觉这样的训练困难的时候。举例来说，当你做俯卧撑时，一开始用你的脚趾着地，之后当你感觉到累了的时候你的姿势就会改变，你会用膝盖着地继续运动。

力 量

也许你的目标是增加能量。能量是一种能力，可以产生力量，就像你正骑车在陡峭的山上行驶。每一个人都应该在一段时间内做一次能量训练。能量训练是经常增强性的运动，比如说蛙跳和立定跳远，在这些运动中你能很快地改变身体运动方向。

如果你想要在运动中表现较好的话，能够很快地产生力量是很重要的，这也就意味着你能够更强地击中高尔夫球。但是能量不仅影响你运动的表现，它也显示了你能多快地产生或者创造运动，或者改变你身体运动的方向。一个最简单的例子，能量就是允许你从椅子上很快地站起来然后走上楼梯，并且不需要任何的协助。让我们以增强性俯卧撑为例子来看一下。做增强性俯卧撑让你的肩膀和上肢更擅长控制身体的反应，尤其是身体上加有压力的时候。那么你也可以利用这种控制来做生活当中的其他事情，例如可以将你的小孩轻轻地举起到空中来逗他开心。

如果能够发展更好的能量是你的主要目标，你知道了这些一定会很高兴：正确的训练和你在早上的时间可以很容易地相匹配。能量训练是和信念相关的，因为你不能一次就做很多的重复动作，尤其当你使用如此多的能量时。当做这些运动的时候，每个动作都重复10次，这将会是一个很大的挑战。举例来说，当你开始做蛙跳，你可能发现一口气很难做到2个以上，特别是如果你下蹲得很深，大腿和地板保持平行的时候。每次重复之后休息一下，这样可以使你为下一次的运动做好准备。如果你运动重复10次都问题不大，那么就尝试蹲得更深一些或者连续不间断做蛙跳，中间不休息。重复10次也是我所推荐的力量训练的次数，但是这两种训练的要求是相当不同的。和力量训练相比较，能量训练是一种爆发性的动作训练。在训练过程中，你的心律将会立即升高，做 10 次重复将会让你感到非常累，这比力量训练中做重复 10 次可要累得多了，因为这些运动需要更多的能量。本书只为能量训练专门设计了 20 和 30 分钟的训练计划。

一般健康与保健

这本书也提供了一些训练，很适合那些目标是增强一般健康状况的人。这是什么意思呢？在阅读前面的力量、大小、持久力和能量的介绍之后，你有没有发现，其中没有一个正好是你很需要的？也许你对现在的状态很满意，你有足够的能量应付日常生活，你只是想继续维持目前的健康水平，即使你再变老一些也希望是如此。也许你希望能够做 10 次俯卧撑或者正常骑车，而不是让你的腿不听使唤。如果你的目标是达到较好的健康水平得到基本的健康，而不需要变得更强壮和更强大，那么本书中为了一般的健康目的而进行的训练计划就很适合你。为了一般的健康目的而进行训练意味着你的关节将保持健康，你将很健康，可以周末去打台球。这些训练计划都非常好，使用各种各样的器械以便于你不会厌烦。这些训练和其他的方法是不同的，它们没有让你挑战自己，不需要更大的重量，除非你的目标是特殊的健康目标。在你开始一天的生活时，除了训练之外还有更好的方法来保持你的一般健康吗？训练会增加你的骨密度，调节你的血糖水平，提高你的能量水平和代谢功能，保持你的关节健康——所有的这些都是在你上班之前就能做好的。你一整天都会感到很自信，因为你在早晨已经做了对自己很有积极意义的事情。

当你为了一般的健康目的进行训练时，选择一个你自己觉得很舒适的重量，可以举起 8~12 次。阻力应该足够的大，这样你的肌肉才能够在第 12 次的时候感到疲劳。疲劳不是失败，它不意味着你不能够继续进行下去，而只是你感到有一点的难度。为了一般健康的目的进行训练的强度为每周至少两次。

整合力量的训练

不管你的主要目标是不是力量训练，所有的训练都有一个共同点：即综合训练的需求。"综合力量训练"这一术语指出了，在你的训练过程中要有更多的组成部分而不仅仅是你所举起的重量。综合力量训练意味着你要关注于健康的其他因素，例如关节的稳定性和平衡性，它们和你能举起的重量的重要性是相当的。健康意味着你可以单腿站立而不失去平衡。也意味着你可以站在一个平衡球上面而不会摔倒，因为你的核心部位肌肉是强壮的，你的神经肌肉系统能让你在不稳定的物体上保持平衡。这些对日常生活的健康都是很重要的。举例来说，核心部分的健壮，对于保持后背的健康以及安全地进行运动都是很重要的。这一部分解释了综合训练中各因素的益处。这本书中的训练包括了以下内容。

下面的内容就是较好的平衡性或者综合力量训练过程中非常重要的组成部分：

发展核心部位的完整性。核心部位的完整性意味着要了解你的核心部位或者中央部位，即上腹部。当你需要更多运动的时候，比如说举重，这也意味着能够恢复或者使用这些肌肉。我们都习惯于久坐的生活，拥有健壮的核心部位变得更加重要，因为大多数人不再做很多的体力劳动，而身体确实需要举起或者移动物体来保持健康。了解你的核心部位肌肉并在你负重训练的时候有意地使用它们，对于让他们变得更强壮和强大是很重要的。当你的核心部位健壮了，你就可以用上肢和腿举起更多的重量。

本书中所包括的训练计划，包括了训练你的核心部位肌肉。在这些练习中你用身体的重量来对抗重力，这可以使你的核心部位变得很好——比如说俯卧撑，它可以训练你的核心部位肌肉也可训练你的胸部和上肢。也有一些练习特别训练你核心部位肌肉的使用能力并通过运动你的上肢和腿来增加运动的难度，比如说仰卧屈腿单腿抬保持练习。核心部位练习见第11章。

平面运动。身体的肌肉通过推拉骨骼产生运动。你的身体能够向各个角度进行运动。虽然传统的练习让你的身体沿直线运动（想一下上肢和腿的屈伸），这不是肌肉连接在骨头上的样子。如果你沿着肌肉纤维连接骨骼两端的方向运动，就可以看到实际上它们沿着斜的方向进行运动而不是直线性的。想象一下有一个平面像一个平板将你的身体分成两半。其中，矢状面将你的身体分成两部分，左半边和右半边。当你沿这一平面移动时，你就是向前或者向后移动。向前弓步就是沿着矢状面移动的例子。冠状面将你的身体分成前后两部分。当你沿着这一平面移动时，你将从一边移动到另一边。侧弓步就是它的例子。水平面将你身体分成上下两部分，沿着这一平面运动就是旋转。直立旋转练习和高尔夫挥杆就是沿这一平面进行运动的例子。你的肌肉运动就是在多于一个平面之上连续地拉长和收缩。这在观察棒球投手准备投球的时候是非常明显的。他收紧他的身体，紧紧地"抓着"让身体存储能量。然后他放松，让整个身体的"锁链"放开来释放能量，而棒球就在这锁链的末端。

如果你总是用同样的方式进行训练，沿着相同的角度运动并产生相同的模式，那么你的身体就会习惯这样了。你的关节就会变得很善于应付那样练习的压力，而不是不同姿势的其他种类的压力。这样练习肌肉感觉很失败，因为你经常还是要尝试做一些不同的活动的，不管是休闲的活动还是日常生活的事务，例如将很重的箱子放到架子上和转过身去和某人说话。稍微改变你训练过程中的运动角度将会改善你身体应付这些不同姿势变化的能力，而不会发生什么不好的事情。

增加旋转。和沿着各种平面进行运动很相似，在你的练习中加入旋转是个很好的主意。如果你看一下肌肉和骨骼相连的方式，你就会发现肌肉纤维并不是沿着直线运动的。所有的肌肉在它们运动的过程中都旋转了一定的角度。举例来说，大胸肌纤维或者你的胸肌，沿着你身体的前方运动并且和上肢的前面相连，而不是和上肢两边相连。因为，当胸肌收缩时，它们在上肢内部旋转。当练习中包括旋转时，就经常意味着你要更有效地收缩要训练的肌肉。增加旋转到你的训练计划当中是很容易的事情。当你做站立划船时，将你的右上肢伸出，你可以向右稍微旋转你的上半身。这本书中还有其他练习可以加入旋转，例如立式旋转练习，旋转弓步加哑铃，和坐着旋转加哑铃运动。

抵抗重力的训练。你可以从站着、坐着或者躺着的姿势开始。做训练最重要的用处就是可以让你对抗重力来站立或者移动，你需要保持或者移动你自己的身体而不是坐在机器上利用及其支持你的身体来进行运动。这就意味着你要根据设计好的方法训练你的身体。——使用对抗地球引力的运动。当你做运动的时候必须控制整个身体和地面及重力相抗衡，脚底大量的神经末梢开始一个连锁反应来贯串你的全身来产生和控制你所做的每一个动作。我们都习惯了久坐的生活方式，即使没有很好地发展这种大脑和身体之间精巧的连接，也可以很容易地生存下去。当然有时候利用机器去做练习也是有效的选择。机器可以帮助你稳定自己，帮助你举起更重的重量。但是，我还是要鼓励你去改变你的训练计划，至少花一些时间来做训练，你需要运动身体来对抗地球引力。

在地面上移动来对抗重力，对于增加骨骼的密度也很重要。骨质疏松症的多发成为影响健康重要的问题。当你以任何一种方式负重训练，你都在促进你的身体吸收骨的原料，因为肌肉推拉骨骼刺激了这一过程。我们也要学习利用跳跃的作用帮助增加骨密度——箭步跳和蛙跳都是不错的选择。

同时运动上肢和腿。使用练习同时训练你的上肢和下肢，可以增加神经肌肉系统的需求，让神经系统和肌肉在运动中协同运作。这有助于保持整体意义上的健康。这将会提高你的协调能力并确保你不只是看起来很健康，而是在你生活的所有方面都更健康，你可以挑战任何事情。我记得有一个来自某个健身俱乐部的健身教练尝试打排球。他训练得很有形，但是他居然不能同时运动他的上肢和腿！在你的晨练当中本书包括有效率的一系列训练，比如说单臂前冲前推练习，或者侧冲单臂水平划拉练习。

使用各种器械。使用你的身体、器械、绳子、负重工具，例如健身球、拉力器、重力球。练习刺激你的身体并使它发生改变。如果你一遍又一遍地做同样的练习，你的肌肉就会对这样的训练适应了，这样你每次做运动的时候就只需要很少的努力了。通过使用不同的器械，你对肌肉所施加的力量就会不断地进行调整并且很努力的工作。这在晨练当中是有价值的，尤其是当你想要有效地使用你的时间尽可能做更多有效的训练的时候。

挑战你的平衡。当你做上肢运动的时候单腿站立，这可以使你身体的神经系统和你的肌肉更好地协调，因为你必须不断地调整你的姿势。平衡不是有意识的行为，而是一个反应性的行为。你的身体对与空间位置相关的信息进行反应，而你再通过身体的感觉器官来进行反应。这被称为本体感受。当你尝试单腿站立的时候，你会感受膝盖这种轻微的调整。假如这种训练会提高你的平衡性和协调性，那么调整你的晨练计划；如果你想尝试不熟悉的休闲活动或者体育运动时，这也会帮助你更平稳。如果你没有进行较多晨练的话，这些活动对你来说原本是比较困难。

训练的强度

你负重训练重复的次数，使用的器械的类型，以及你进行操作时的各种其他变量，例如平衡，所有的因素加在一起才会给你一个感觉：整个的训练或者说完成一个训练是多么的"艰难"。这是有关强度的问题，而不是"艰难"这个词的本义。

在练习中，强度这个词通常是指阻力或者重量，也就是你所举起的重量越重，练习的强度也就越大。从术语学角度进行理解就是，在基于塑形目的的力量训练过程中，让人们变得更有形而不是其他什么。正如本章前面所讨论过的综合训练，有很多的方法可以使训练变得容易或者困难，而不仅仅只是增加或者减轻重量，这在本书中的训练方法会有所体现。用综合的方法进行力量训练，强度得到一个全新的概念。它包括你感觉有多困难，而不仅仅是你举起的重量有多重。当你将平衡、沿着不同角度运动和使用平衡球等结合起来，你感觉到的困难和挑战就是个人的事情。这完全是主观的——相同的活动对于不同的人来说感受是不同的，即使是相同的人在不同的时期对同样活动的感受也是不同的，这视某一特定活动的情况而定。你可能会发现自己使用平衡球来代替长椅做单臂划船运动是很困难的，而对于其他的一些人来说并不会觉得这样有什么困难。你可能会发现很容易将平衡性和你日常的训练结合在一起，但是在下一次你尝试的时候却变得困难了——这可能是因为你晚上没有休息好或者有烦心的事情，再或者因为你前些天跑步的时候扭到了膝盖。

这里有一些方法可以让你检测强度。一个工具就是协助你清楚地说明困难，有些事情被认为是很明显是很费力的，或者是 REP（自我感觉测试）。REP 就是一系列的数字，就是你所列出的你感觉每一个训练或者活动的难度。我建议使用 10 点量表。1 意味着这项活动对你来说根本没有难度，例如坐在沙发上看电视。9 意味着这项活动是很困难的，就目前而言你是根本不能完成的。这种自评量表的结果对你来说是特定的，刚好可以让你保持晨练的热情。举例来说，如果你做 30 分钟的持久力训练，你应该每次能够重复动作 15~25 次。如果你重复 22 次之后就完全不能再做了，那么这样的举重练习被认为是较难的。在 1 到 10 点的量表上，平均分成 9 份或者 10 份。如果你低估重量，再重复了 25 次之后就停止了，那么，即使你能够达到 40 次，那么也只可能在 10 分的量表中打 5 分，这就意味着只有一点，挑战并没有什么难度。要知道 REP 既能够指示出单个练习动作也可以用来指示整个的训练。如果整体的训练水平在 8~9 分之间，而你的单个练习动作的难度却只有 4~5 分，这就意味着你下次调整训练计划的时候要将单个动作练习的难度提高。不管你所举的重量有多少，要知道使用器械比使用平衡球要容易，那么，在打分的时候，前者的分数应该稍低。

测量训练难度的另一个方法是从低、中、高三个水平强度思考整个训练。重量、平衡、稳定性和前面我们讨论的所有相关变量都会影响你对整个训练较难还是较容易判断的。下面这一部分解释的目的是帮助你了解你训练的难度，以及如何改变你的训练强度，以确保最大的效率。

低强度训练

低强度的意思就是容易，不太难。不过，对于你来说是容易的，但对于另一个人来说也许就是难的。你可能会觉得使用平衡球很容易，但是对有些人来说这就是很困难的，甚至是不可能实现的。低强度的训练就是你可以保持你一般的健康水平，但是，并不能提高健康水平。如果你的主要目标是训练你的持久性，那么，你的力量训练就要求你能重复动作 15~25 次。在低强度的训练中，你要完成 15 次重复就足够了。转换成 REP 的分数就是 4~5 分之间。低强度的训练在任何方面和领域都不会挑战你的能力，也就是说，对你而言都是没有难度的那种活动方式。举例来说，在低强度的训练中。如果你觉得使用平衡球替代长椅是困难的，那么，你就可以选择继续使用长椅。如果你觉得做心肺适能训练很困难，那么你就不要做了。

低强度的训练很不错，它有如下几个原因。如果你不喜欢晨练，至少你可以让自己通过训练获得一定的好处。你会发现一旦你开始训练了，你就会很有动力地去将训练变得更加有挑战性。如果你感到心烦意乱，你可以通过简单的低强度训练来整理你的思路，这还有助于你的睡眠。如果你在一个不熟悉的体育馆内，你也可以做一些简单的不需要器械的运动，这样就可以避免东张西望地寻找诸如拉力器或者平衡球之类的东西。总之，低强度的训练的重复次数是我们建议范围的最低限，而且你不需要加入什么改变来增加难度。

中等强度的训练

中等强度的训练就是一般程度的训练。当你做这样的训练的时候，你很明显地在挑战你自己但是也还不至于失败。你的重复次数保持在推荐次数的中间段。可能你所做的运动和低强度的训练时是一样的，但是坚持的时间要长一些，重复次数稍微多一些，或者会重复这个练习更多遍数，这样整个训练的过程就会变得长了。也许你感觉到今天早上你做的训练是轻度的，因为你可以做25次，但是你只做了15次。下一次的时候你可能就会多做一些，到20次，这样就会增加训练的难度了。举例来说，如果你是用哑铃和长椅进行低强度训练，你可以用平衡球替代长椅来做训练，这样可以更多训练你的平衡性和核心部位。或者，如果你想要更多的挑战，那你可以在练习之间选择一个可以在自行车上完成的心肺适能训练。中等强度的训练转换成REP的分数就是6~7分之间。

高强度的训练

在高强度的训练中，你训练身体就是尽可能地挑战自己，在你所有的能力范围之内尽力做。强烈的运动需要力量和关注。在高强度的训练中，重复次数为推荐的最高限。如果建议的范围是15~25，那么你就要做25次。每一个动作还有整个训练过程，在REP的分数都要在9~10分之间。这些训练也要加入更多种类的练习或者更多的变量来进行整合训练，例如训练你的平衡性和沿着各个平面运动的能力。你可以单腿站立的训练肩膀的压力或者在你箭步走时用一条腿平衡。如果目标是特殊的，想要在一段时间之内达到，那么高强度的训练就是很必要的。举例来说，假设你是一个自行车选手，你发现在赛程最后几公里的时候你就会非常累，而这时一个很重要的比赛又很快要开始了，你就需要一个高强度的训练来提高你的成绩。你在一段时间之内要达到的健康目标的动力越大，你训练所需要的强度就越大。

追踪你的训练

现在你拥有了所有训练所需要的信息，你就要开始考虑坚持你的训练计划。训练记录是一个很有价值的方法，有以下几个理由。将你做的事情都记录下来是很好的方法，能确保你仍然在坚持你的计划来达到你的目标。这会帮助你在晨练中更加有效率，因为你知道上一次你做了什么——这样的方法可以让你准确地知道你需要做几个哑铃，而不是从开始就使用了较轻的重量或者直到一段时间的训练结束了才意识到。训练日志也能够鼓励你坚持下去，因为它可以显示你在过去的时间所做训练的进程。

除了记录你的训练，你也会发现，这对于为了达到健康的目的而保持追踪你生活体系的其他组成部分，例如营养、体重和睡眠习惯等在第一章中介绍的生活要素，也都是很有益处的。

根据你的训练，当你写下这些信息的时候它就变得更具体。你会在未来看到它，然后每天早晨都会再记录。这将会是很有利的工具，帮助你继续追踪训练达到目标。

表格5.1就是一个每周训练日志的表格样式，你可以在上面记录你的目标和训练进程。你也可以使用它来记录其他的变量，例如你的睡眠。在表格中"备注"一栏可以用来记录各种你想要记录的事情，例如你的压力状况或者最近发生的会影响你的能量和运动的事情。表格5.2是单个项目训练日志的样表，你可以使用它来记录每一个单个动作的信息，例如你选的是哪项运动，开始和重复的次数各是多少，以及你使用的重量是多少等等。表格5.3是每周训练日志的进程记录的一个例子。表格5.4是单个项目训练日志的一个例子。

休息和训练过度

有几天用来休息也是很重要的。训练给身体带来压力，身体对这些压力的反应就是我们所说的结果。肌丝滑行说理论描述了肌肉纤维里面的蛋白丝怎样沿着彼此滑动或者相互牵引来收缩肌肉纤维。当你利用负重训练时，你的肌肉刚好达到这样一个临界点，超过了就再也不能承受了，这时候就会产生一系列的化学反应，使得肌肉纤维变粗变壮，那么下一次也就可以承受更大强度的力量。通过负重训练来刺激你的肌肉只是一小部分——你还需要适当的营养和足够的休息来达到你想要的结果。

表 5.1　每周训练日志

周：_____

目标：_____

已有进展：_____

日期	起床 / 睡眠时间	能量：醒来时 / 中午 /3p.m./8p.m.	用餐情况	备注
周日				
周一				
周二				
周三				
周四				
周五				
周六				

表 5.2　个人训练日志

训练日期：_____

类型 / 训练持续时间：_____

项目	重量 / 次数	备注

表 5.3　完成的每周训练日志样本

周：5/14 — 5/20

目标：完成更多次数的力量训练，完成骑自行车并有强壮的感觉

已有进展：在自行车练习中感觉有进步，耐力训练对我有作用

日期	起床 / 睡眠时间	能量：醒来时 / 中午 /3p.m./8p.m.	用餐情况	备注
周日 5/14	9/11	很高 / 很高 / 高 / 高	谷类食品 9:30；果仁和香蕉，骑自行车时；植物蛋白饼，油炸食品，沙拉，5p.m.；2 瓶啤酒	骑自行车 40 分钟，感觉很棒
周一 5/15	7/12	高 / 高 / 低 / 高	酸奶，香蕉 7:30；巧克力蛋糕 3p.m.；沙拉，烤鲑鱼 7p.m.；没有喝足够的水	不应该不吃午餐，以后再不能这样
周二 5/16	6:30/11	低 / 中等 / 高 / 高	训练前酸奶和香蕉，训练后谷类食品；中午汤和半个三明治；下午葡萄和橘子；8p.m.比萨和植物蛋白饼；一杯酒	训练后感觉很舒服
周三 5/17	7/10:30	高 / 高 / 高 / 低	7a.m.松饼；1p.m.金枪鱼沙拉；西瓜；8p.m.中国餐	工作后骑自行车
周四 5/18	6:30/12	很高 / 中等 / 低 / 很高	训练后谷类食品和酸奶；香蕉；中午蔬菜，虾；7p.m豆腐沙拉；派对上几杯啤酒	训练强度太高，上午感觉很累
周五 5/19	7:15/1	低 / 低 / 低 / 高	工作时 2 个油炸圈饼；2 片比萨；蔬菜沙拉	睡得太晚，但很有趣
周六 5/20	8/11	很高 / 高 / 高 / 高	早午餐 煎蛋卷饼 蔬菜，西红柿；晚餐 寿司 沙拉	骑车感觉很轻松，中午睡了一会儿感觉很棒

表 5.4 完成的个人训练日志样本

训练日期：5/16

类型/训练持续时间：耐力训练 30 分钟；完成一个系列，15~25 次，热身运动/拉伸/SMR/矫正性练习；核心热身；髋屈肌拉伸

项目	重量/次数	备注
手持哑铃蹲起	20/20	比上次多 2 次
持健身球的旋转式箭步走练习	4 磅球，21 次	
平衡球上滑动练习	15	感觉很困难；RPE = 9
平衡球上的滑撑练习	5 圈	
俯卧撑	17.6，最后一次膝盖着地	准备做 20 个，可能太累
站姿举臂单推	19 次	
站姿单臂上举练习	26 次	下次增加抵抗力
侧冲单臂水平划拉练习	21 次	
仰卧屈腿单腿抬保持练习	1 分钟	核心变得强壮了，感觉很棒
异侧肢体伸展支撑练习	23	
手撑练习	30 秒钟	
下体在平衡球上的支撑练习	22	
背部扩展	20	
持铃箭步走练习	12/20	有些累
直臂绳索下拉	4/20	

你的肌肉从训练的刺激和压力中恢复需要几天的时间，特别是当你的训练比较激烈的时候。如果你在肌肉恢复之前就开始做另一项运动，那么你就不会强壮，不能从训练当中得到最大的收益。这就意味着你身体的能量不能正常地使用，原本是用来补充你肌肉中的糖原的，但是却被另外的运动消耗了。训练过程中练习的难度决定了你在下次训练之前需要多少休息时间。如果你进行的是轻度和中度的训练，每周训练2~3天是不会伤害你的身体的。但是如果总是训练到很疲惫，开始和重复的次数也很多，那么训练之间间隔一天就是你的训练计划中的必要组成部分。

　　如果你训练得太多了，就会发生训练过度，这就意味着你没有得到有效的休息。这样一来，你不仅不能从训练当中获得益处，而且事实上你正在伤害你的身体。你应该了解一些影响因素，正是它们决定了你是不是需要休息。一个主要的问题就是你是否正在变得更强壮、更完善（或者说更接近你的训练目标）。一般而言，你是否正在接近你的目标呢？如果你的身体不断地感觉到疲劳，你每天早晨都在做高强度的训练而且没有足够的休息，那么它就不能真正地提高和促进对你重要的部位。用来评估你是否训练过度的另一方法是，关注你休息时的心律。你休息时的心律就是，你早晨醒来之后，完整的一分钟之内心跳的次数。用你的食指和中指放在你的脖子的颈动脉上，它正好位于脖子中间的两侧。正常的心律是每分钟60~90次之间。最重要的事情是要注意你自己的任何变化。如果你的心律比平时要高，那么你可能就是训练过度了。较高的心律意味着你的身体有些吃力——运动和运动之间所用来恢复的休息时间不够多，所以，心脏就需要更努力的工作，跳得更快一些。通常来说，训练会逐步降低你的心律——这是你的心脏变得强壮的信号，因为它已经不需要跳动那么多的次数就可以满足身体的需要了。另一个可能的原因是，你训练的强度过大，而在训练之间的休息也不足，你感觉你的能量水平比你正常的水平要低。而训练应该是要让你感觉很有活力，而不是失去了活力。

　　你要逐渐了解，使用本章中介绍的日志来记录你日常的生活习惯和训练活动，这会帮助你看到不足之处并保持训练的目标。你花费了很多的精神和物质的能量来进行晨练，只要再稍微注意一下这些事情，你就会非常成功。

第二部分

每日训练计划

6 20 分钟训练 ·················· 73

7 30 分钟训练 ·················· 85

8 45 分钟训练 ·················· 97

9 60 分钟训练 ·················· 107

20分钟训练

20分钟训练非常适合在清晨做。只需要一点点小的投资，你就可以得到一个精力充沛的训练。在清晨做一个小小的训练能够让你拥有一个积极的心态，鼓励自己坚持目标，例如吃得更有营养或者拥有一个轻松快乐的午餐时光。如果你早上进行的训练是长期的心肺适能运动训练，普拉提、瑜伽训练的一部分，那么一个有效的20分钟训练是非常有用的。你可以让这20分钟训练作为你从早晨开始到下班结束的身体训练计划的一部分，例如，你可以在早上做20分钟的训练，然后在下班后跑一会儿或骑一会儿自行车。

进行20分钟的训练是很容易的。一方面，如果你早上起来发现你的晨练计划有了变动，你有了一些多余的时间，或者一旦你从事的工作你已经开始做了，你就会坚持去做第二次。另一方面，20分钟训练非常适合当你本来想做一个长时间的计划，但你却起晚了或者你感觉累了的时候。它将会促进你的血液流动、心率增加，让你在一天中保持清醒的状态。即使你没有时间和精力做出一个有力量的准确的动作，有时候仅把完整动作做出来也同样是有好处的。这也是你保持完整健身目标的方法。现在，让我们在20分钟训练开始之前回顾一下第4章的内容。

20分钟强度训练

　　这个训练需要比较多的运动器械。当你的目标是增加力气,你就需要举起相应的重量,运动器械会给你的身体提供支持。运动器械本身可以让你将注意力集中于动作本身,而不是同时注意两个或者更多的动作,比如说,要在一些训练平衡的项目中同时训练力量。如果你去健身房训练是最好的,因为那里有需要的全部运动器械。这个训练从下半身

蹬腿练习

单腿蹬练习

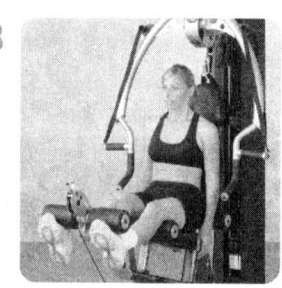

腿部伸展练习

坐姿反握下拉练习

坐姿划船

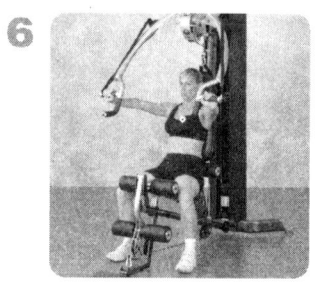

坐式器械前推练习

开始然后过渡到上半身。当你在健身房训练时，健身房里会根据不同的肌肉群和身体的不同区域来安放运动器械。训练下半身和上半身的运动器械会放到一起，当你完成下半身的训练时，马上就可以去训练上半身，这样，就会节省时间。

参照第 5 章的力量训练方法做一次 20 分钟训练，每个动作做 8～10 次。

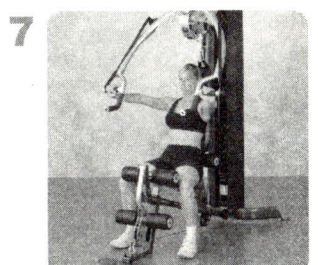

坐式器械前推练习
注意：单臂重复

侧屈上举

坐姿水平划船

坐姿水平划船
注意：两臂交替进行

坐式平举哑铃旋转
注意：旋转的速度要很慢

20 分钟肌肉大小训练

与在第 5 章中阐述的整合训练的概念一致,这个训练除了练习举重动作之外还练习了许多基本动作。侧弓箭步和直立练习训练了核心力量。在你充分睡眠后醒来或者在你身体状况良好、做一些有难度的动作,并且注意广度较宽时,进行 20 分钟的肌肉大小训练是一个好的选择。

参照第 5 章,目标是增加肌肉力量的指导,要求做 20 分钟的常规训练一次,每个动作做 10~15 次。

1 持哑铃横冲式练习

2 蹬腿练习

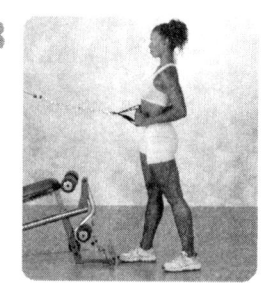

3 站立划船
注意:从正面发力

4 单臂上拉

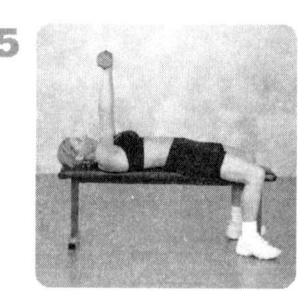

5 卧推

6 体前屈上拉

单腿站立体前屈上举

体前屈上拉
注意：上肢交替

体前屈上拉

蟹走练习
注意：交替行走

20 分钟耐力训练

　　耐力训练首先进行的是一个核心部位训练,非常适合在对随后的核心力量训练感到懈怠的情况下,或者在需要给体态及背部一个额外训练的情况下进行。开始的核心部位训练有助于逐步唤醒整个身体,因为核心部位连接着身体的上半部分和下半部分。当进行耐力训练时,你的核心部位会得到持续的训练。耐力训练的重复次数越多,意味着你在一天内都能持续地感觉到耐力训练效果的存在,这种效果一直伴你做事。

　　参照第 5 章如何选择合适的力量去训练肌肉耐力的特别说明,做 20 分钟的耐力训练一次,每个动作做 15~25 次。

1
俯卧屈臂支撑
注意:坚持 20 秒钟

2
侧向单手屈臂支撑
注意:每边坚持 20 秒钟

3
持健身球的旋转式
箭走步练习

4
持哑铃的台阶练习

5
平衡球上哑铃拉举

6
水平划拉练习
注意:上肢交替

平衡球上的哑铃卧推

侧屈上举

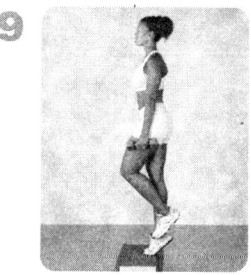
负重单脚提踵练习

立式旋转练习

20 分钟力量训练

　　力量训练要求注意和集中,非常适合在睡觉醒来精力充沛时进行,也适合想进行户外运动(第 2 章讨论过的)时进行。你可以在健身房或者家中进行练习。在家中练习时,如果没有做引体向上所需的运动器械,可以用复合高拉机或拉力训练来代替。在练习间歇,你觉得有必要休息就休息一下,即使在 20 分钟内没能完成整套动作也没关系。

　　参照第 5 章,如何选择合适的力量进行力量练习的指导,做 20 分钟的力量训练一次,除非有其他的要求,请依照自己的目标每个动作做 3~10 次。

1

蹲跳练习

2

增强式俯卧撑练习

3

反握引体向上
注意:坚持 10 秒钟

4

箭步跳练习

5

增强式俯卧撑练习

6

反握引体向上
注意:坚持 10 秒钟

蹲跳练习

立式绳索斜下拉练习

注意：一边做 30 秒钟

在平衡球上持球仰卧
练习

注意：坚持 1 分钟

蟹走练习

注意：坚持 1 分钟

20 分钟一般健康与保健训练

这个训练平衡了一些不同的因素,例如,用体重对抗重力、运动器械、静力球、健身球和绳子,给全身一个充分的训练。一个早晨的健康与保健训练可以使整个身体运转起来,唤醒你的神经肌肉系统,使你全身充满能量,心情舒畅,从而微笑着开始一天的工作。

参照第 5 章里如何选择合适的力量进行保健与健康训练的指导,做 20 分钟的保健与健康训练一次,每个动作做 8~12 次。

下体在平衡球上的支撑练习

在平衡球上持球仰卧练习

持哑铃自由下蹲练习

坐姿反握下拉练习

坐姿划船

俯卧撑

坐姿水平划船

俯卧屈臂支撑

背部伸展练习

异侧肢体伸展支撑练习

30 分钟训练

30 分钟训练显然要比 20 分钟训练多出 10 分钟，在多出来的时间里，你可以做一两个在短期训练里没有时间做的动作。例如，在进行推力训练时，可以适当地增加力量和次数。如果你早晨多出 10 分钟的训练时间，你可以坚持做一个 20 分钟训练，如果需要，你可以再用多出的时间做一个热身运动或者伸展动作。

在早晨做 30 分钟训练而不是 20 分钟训练，有助于提高全身训练的效率。例如，如果你每个星期做了两个 30 分钟训练而不是三个 20 分钟训练，你花费的全部的力量训练的时间总量是相等的，但是，你可以利用每周多出的一个早晨去做另外一种形式的练习活动，比如说，有益于心肺适能运动训练系统的练习，瑜伽和普拉提。然而，如果你训练目标是与肌肉的大小和耐力相关，那么，一个 30 分钟训练意味着你的肌肉在每个训练单元会接受更大量的训练，这就是说，肌肉会在紧张程度下度过更长的时间，对肌肉的大小和力量是有潜在好处的。因此，你可以将这些训练设计成一种全面适合自己目标与喜爱的练习项目。

30 分钟强度训练

  30 分钟训练由两个系列组成，两个系列中间是 30 秒钟的休息时间。每个动作连续不断地做两次，将会使第二个系列对目标肌肉群的训练更有针对性。这个训练在早晨做是有益的，因为你不必去做许多不同的动作——在某天早晨起来时，因为仍旧有一点困倦，或思维正被即将开始的工作占据着，而你又不愿意过多思考时，那么，这个时间做训练是一个非常好的选择。

  参照第 5 章里如何选择合适的力量进行强度训练的指导，做 20 分钟的强度训练一次，每个动作做 8~10 次。

持哑铃倒向箭步练习

坐姿反握下拉练习

移动俯卧撑

单腿站立体前屈接上举

坐姿水平划船

坐式平举哑铃旋转

持哑铃箭步旋转练习

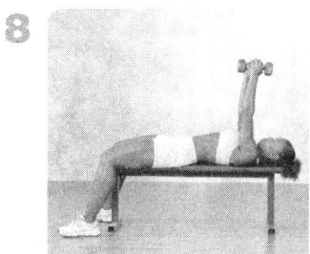
长椅上哑铃拉举

长椅单臂交替卧推

站姿单臂上举练习

体前屈上拉

利用钢索进行变换式旋转练习

30 分钟肌肉大小训练

当你晚上得到充分的休息早晨起来感觉良好时,你最好快速地做每一个练习。不同幅度的训练会让你身体的不同区域都得到训练,因为训练中的每一个新动作都会促进你的血液流通,提高心率。

参照第 5 章里如何选择合适的力量进行幅度训练,将每个动作重复 10~15 次,来完成一整套 30 分钟的训练。

1

仰卧举腿侧向左右摆
动练习
注意:把腿摆直

2

仰卧屈体练习

3

负重半蹲练习

4

持哑铃横冲式练习
注意:上肢交替

5

平衡球上单臂上拉

6

平衡球上哑铃拉举

7

单腿站立体前屈接上举

8

水平划拉练习
注意:上肢交替

9

利用钢索进行的变换
式旋转练习

10 持哑铃的台阶练习

11 持哑铃箭步旋转练习
注意：先做右边，再做左边

12 直臂绳索下拉

13 平衡球上滚动练习

14 站立单臂前推

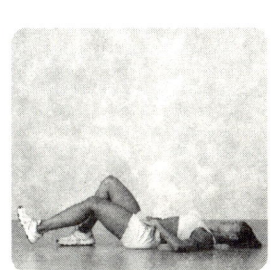

15 仰卧屈腿单腿伸展保持抬起练习

30分钟耐力训练

30分钟的耐力训练不用使用运动器械,只使用一些小的器具,因此,当你觉得清醒并且准备通过一些重复的动作来训练核心部位的一致性与平衡性的时候,就可以选择这项训练。

参照第5章里如何选择合适的力量进行耐力练习,做30分钟的耐力训练一次,除非有其他的要求,请将每个动作重复做15~25次。

持哑铃自由下蹲练习

持健身球的旋转式箭步走练习

平衡球上滚动练习

平衡球上的滚撑练习

注意:一边5次

俯卧撑

站立单臂前推

站姿单臂上举练习

侧冲单臂水平划拉练习

仰卧屈腿单腿抬保持练习

注意:抬腿保持1分钟

异侧肢体伸展支撑练习

俯卧直臂支撑练习

平衡球上桥练习

背部伸展练习

持哑铃箭步走练习

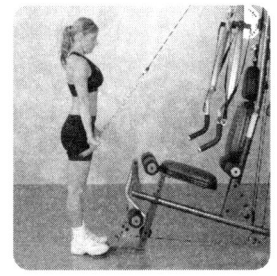

直臂绳索下拉

单臂前冲前推练习

体前屈上拉

注意：上肢交替

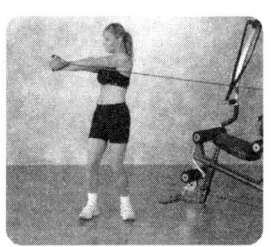

站姿旋转练习

30 分钟力量训练

　　这个训练中的一些练习要求你更关注速度的减缓过程，意味着你要强调动作速度的降低，做好这一点需要肌肉和关节控制好你在空间中的位置。如果你在健身房里，特别是在早晨健身房里很拥挤的时候或者当协调性稍微差一些的时候，做举起健身球的动作时要非常小心。健身球要足够轻以至于你有足够的信心和能力去控制它，同时，在你开始练习之

1

箭步跳练习
注意：左右交替

2

立式旋转练习
注意：放慢动作

3

平衡球上滚动练习
注意：放慢动作

4

悬挂抬腿
注意：把腿放低

5

增强式俯卧撑练习

6

蹲举中等实心球
注意：慢蹲，快举

7

箭步跳练习
注意：左右交替

8

站姿旋转练习
注意：放慢动作

9

平衡球上滚动练习
注意：放慢动作

前，确信已经做好准备集中注意力。这儿有一些其他的关注于核心部位的练习，在跳起练习中会有一些必要的休息时间。

参照第 5 章里如何选择合适的力量进行力量练习的指导，做 30 分钟的力量训练一次，请将每个动作重复做 3~10 次。

悬挂抬腿
注意：把腿放低

增强式俯卧撑练习

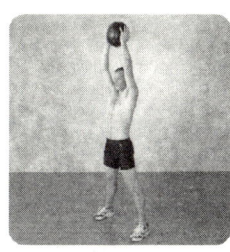

蹲举中等实心球
注意：慢蹲，快举

手握健身实心球
站立侧身旋转

30分钟一般保健与健康训练

如果你想轮流做一些下半身的练习和上半身的练习时,这套训练在早晨是非常好的。每一次对身体的某一个部位的练习不需要很多。

参照第 5 章,如何选择合适的力量进行保健与健康训练,做 30 分钟的保健与健康训练一次,每个动作做 8~12 次。

1 持哑铃横冲式练习

2 异侧手臂抬起的单腿下蹲练习

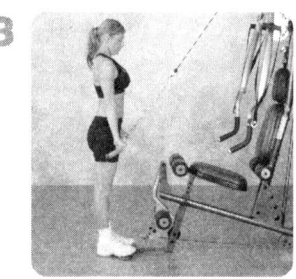

3 直臂绳索下拉

4 腿在平衡球上的俯卧撑

5 站立单臂前推

6 侧冲单臂水平划拉练习

立式旋转练习

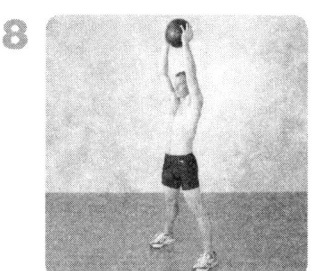
蹲举中等实心球

仰卧屈腿支撑的桥练习

仰卧举腿侧向俯卧起练习

坐式平举哑铃旋转

背部伸展练习

45 分钟训练

与短时间的训练相比，45 分钟训练可以让你有更多的机会来满足你的训练需求，因为你可以做更多的训练或者合并一些不同的训练项目，例如，积极性休息训练（每项运动后的核心部位练习），心肺适能运动训练项目（每项运动后的 1 分钟跳绳）。早晨的 45 分钟训练融入心肺适能运动训练非常必要，特别是在你预期当天晚上要比平时摄入更多的热量而又想消耗掉它们的时候，它们会提高心脏的泵血功能，使你能够保持更好的状态融入一天的工作中。

45 分钟强度训练

在这项训练中,你要做一套练习,先做 30 秒钟(或尽量长的时间)的核心部位练习,然后对应相同的肌肉群做另外的练习。当你对相同的肌肉群做了两套以上的练习时,你会感到该肌肉群疲劳。你首先做下半身的练习,在做上半身练习前你会使下半身的肌肉疲劳。当你早晨想多做一些核心部位练习或是有时间做时,这个训练是一个很好的选择。许多人都承诺他们在晚上看电视时做一些腹部练习,实际上他们都做不到。如果你

1
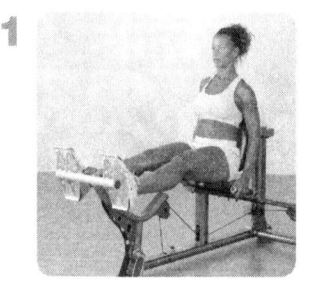
蹬腿练习

2

坐式平举哑铃旋转
注意:坚持 30 秒钟

3
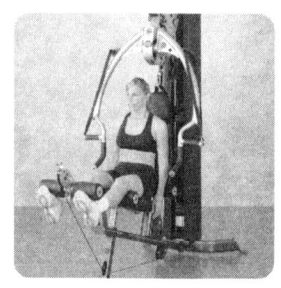
腿部伸展练习

4

背部伸展练习
注意:5 秒钟 1 次,重复 6 次

5

负重箭步蹲起练习

6
俯卧直臂支撑练习
注意:坚持 30 秒钟

7
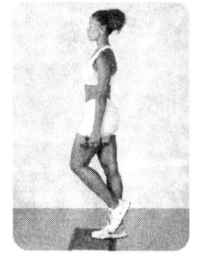
负重单脚提踵练习

8
立式绳索斜下拉练习
注意:坚持 30 秒钟

9

反握引体向上

认为做核心部位练习是首要的，而因此在接下来的一天中才能感觉舒适的话，你就应该做一下这个训练。

参照第 5 章如何选择合适的力量进行强度训练，做 45 分钟的强度训练一次，如果没有其他要求，请每个动作做 8~10 次。

利用钢索进行的变换式旋转练习
注意：坚持 30 秒钟

长椅上单臂上拉

侧向直臂支撑练习
注意：一边坚持 30 秒钟

长椅上哑铃拉举

仰卧屈体练习
注意：坚持 30 秒钟

长椅单臂交替卧推

平衡球上的滚撑练习
注意：坚持 30 秒钟

坐式器械前推练习

立式旋转练习
注意：一边坚持 30 秒钟

45 分钟强度训练

19 侧屈上举

20 悬挂抬腿
注意：坚持 30 秒钟

21 水平划拉练习

45分钟肌肉大小训练

这套训练是全身的训练,包括对每一个肌肉群至少进行两次的练习。参照第5章如何选择合适的力量进行训练,将每个动作重复10~15次,完成2次。

1. 仰卧屈腿保持抬起练习

2. 侧向直臂支撑练习

3. 仰卧屈体练习

4. 持哑铃的台阶练习

5. 负重直腿硬拉练习

6. 单腿下蹲练习

7. 蹬腿练习

8. 平衡球上哑铃拉举

9. 直臂绳索下拉

45分钟肌肉大小训练

无支撑上拉

卧推

俯卧撑

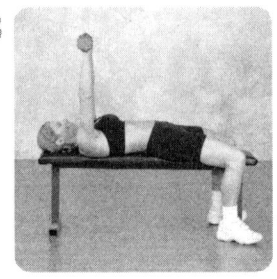
卧推
注意：上肢交替

水平划拉练习

坐姿水平划船

单腿站立体前屈接上举

站姿单臂上举练习

背部伸展练习

异侧肢体伸展支撑练习

45分钟耐力训练

这是一项具有挑战性的训练,需要你在两个练习间屏住呼吸。这个耐力训练包括心肺适能运动训练。将心肺适能运动训练合并到强度训练中可以有效地提高早晨常规训练的效果。一个标准练习就是指在特定时间的一个动作或练习,它主要是指心肺适能运动训练。如果这个练习你不能做就用另一个心肺适能运动训练代替。对于跳绳来说,如果你没跳好就从头开始跳,然后一直保持到你自己规定的跳绳时间。

参照第5章如何选择合适的力量进行耐力练习,做45分钟的耐力训练3次,请将每个动作重复做15~25次。

1

持健身球的旋转式箭走步练习

心肺适能训练:跳绳1分钟

2

器械划拉练习

注意:上肢交替

心肺适能训练:功率自行车或脚踏车3分钟

3

站立单臂前推

心肺适能训练:跳绳1分钟

4

站姿单臂上举练习

心肺适能训练:功率自行车或脚踏车3分钟

5

侧冲单臂水平划拉练习

心肺适能训练:跳绳1分钟

6

立式绳索斜下拉练习

45分钟力量训练

从理论上说,当你训练非常辛苦的时候,你就不能做太多重复练习。这个力量训练在两个练习间加入了一些高密度的心肺适能运动训练项目和一系列与体重和核心部位有关的练习项目。如果需要,请在两个练习和两个训练周期间花尽量多的时间去做这些练习项目。记住:用来屏住呼吸的时间能让你尽快地恢复并进行接下来的训练。

心肺适能运动训练练习:拿蹬功率自行车为例,如果你使用的是另一种心肺适能运动训练的装置,如简单装置或者脚踏车。无论你选择哪种训练装置,它们训练的基本原理是相同的。对于做这些练习,所选择的阻力水平要对你的肌肉和呼吸能力具有挑战性。心肺适能运动训练经常与两个问题相连:肌体摄氧能力和肌肉传输氧与使用氧的能力。因此,花15秒钟逐步提高阻力水平直到你肌力的最大值,好像你正在爬一座非常陡峭的山一样。这正好与固定阻力并不断提高蹬踏的转速相反。对于耐力训练来说,低阻力可能更有意义,而对于力量训练来说,你希望提高阻力使脚踏车的转速保持在大约80转/分钟。当你

1 蹲跳练习
心肺适能训练:功率自行车

2 站姿水平移动实心球
见 P51 图 4.12

3 增强式俯卧撑练习
心肺适能训练:功率自行车

4 利用钢索进行的变换式旋转练习

5 平衡球上滚动练习
注意:放慢动作

6 蟹走练习
心肺适能训练:功率自行车

达到一个合适的阻力水平并找到第一个 15 秒钟的蹬脚踏车的节奏时,你就要做心肺适能运动训练,与积极性休息的比例为 1:1 的训练了。这意味着每一个心肺适能运动训练的时间与积极性休息的时间相同。在这个训练中,你先蹬一个较大的阻力 30 秒钟,然后再蹬一个较小的阻力 30 秒钟同时屏住呼吸。你做三次共花费 3$\frac{1}{4}$ 分钟的训练——15 秒钟找到合适的阻力,然后是接着的每分钟的 3 个练习(30 秒钟的较大阻力和 30 秒钟的较小阻力)。记住:在心肺适能运动训练练习阶段中,这个阻力使你觉得蹬起来有困难不能再继续。在积极性休息阶段中,你应该把阻力固定在一个水平以至于你能够屏住呼吸并进行下面的练习。

参照第 5 章里如何选择合适的力量进行力量练习的指导,完整地做该力量训练三次,同时分别做体重和核心部位有关的练习项目各三次,在每一套训练中加入一个心肺适能运动训练练习,并将每个练习重复做 3~10 次。

侧向单手屈臂支撑
心肺适能训练:功率自行车

背部伸展练习
心肺适能训练:功率自行车

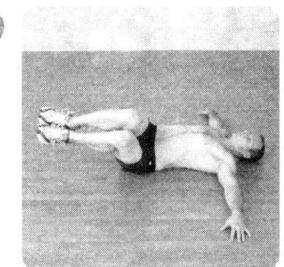

仰卧举腿侧向左右摆动练习
注意:要求又快又安全

45分钟一般保健与健康训练

当你正通过训练来改善你的健康与保健情况的时候，你可以花些时间做一个长时间的热身运动并且将心肺适能运动训练合并到45分钟常规训练中，因此，从第4章中选择两个热身运动而不是一个。45分钟训练作为早晨训练项目是一个好的选择。它可以让你从事尽可能多的健康所需求的训练项目，特别是当你意识到在一天当中没有其他时间做心肺适能运动项目。当你跳绳的时候，如果你没跳好就从头开始跳，保证你连续跳绳的时间为1分钟。

参照第5章如何选择合适的力量进行保健与健康训练，做45分钟的保健与健康训练两次，每个动作做8~12次。

1. 持健身球的旋转式箭走步练习
心肺适能训练：跳绳1分钟

2. 上身在平衡球上支撑的桥练习

3. 平衡球上滚动练习
心肺适能训练：跳绳1分钟

4. 平衡球上哑铃拉举

5. 移动俯卧撑

6. 侧屈上举
注意：上肢交替

7. 侧向直臂支撑练习

8. 背部伸展练习

60分钟训练

在早晨做一个60分钟训练,意味着你能在这项训练中做各种各样的动作。这些动作对于你的静止、平衡、核心力量、心肺适能运动训练、保健与健康训练以及力量训练构成了挑战。如果你花了时间做了这些训练,你就能够从这个整合的力量训练中受益,从而以多种方式有效地改善你的健康情况。

60分钟强度训练

因为在60分钟强度训练中,你可以有更多的时间来做额外的训练项目,所以,你可以试着做一些具有挑战性的举重项目,这个挑战性应该是你最多能举起8次而已。当你在举重的时候,你需要在每套动作后休息30~60秒钟来平衡呼吸和恢复肌肉能量。

负重半蹲练习

异侧手臂抬起的单腿下蹲练习

蹬腿练习

腿部伸展练习

持哑铃横冲式练习

持哑铃箭步旋转练习

负重直腿硬拉练习

坐姿反握下拉练习

无支撑上拉

参照第 5 章关于如何选择合适的力量进行强度训练，每个练习做两套或三套，两个练习中间休息 30~60 秒钟，请每个动作做 7~8 次。

坐姿划船

站立划船

长椅单臂交替卧推

腿在平衡球上的俯卧撑

坐姿水平划船

体前屈上拉

侧屈上举

单腿站立体前屈接上举

60分钟肌肉大小训练

这项训练将挑战你的平衡能力,因此,在开始训练之前,你应该单腿站立一会儿。在早晨的全身训练中加入了单腿站立的重要动作,并不是花时间去做分解练习来练习平衡能力,这是非常好的。

持哑铃自由下蹲练习

持哑铃倒向箭步练习
注意:在每个箭步走之
间单腿站立2~3秒钟

反握引体向上

移动俯卧撑

俯卧直臂支撑练习

单臂前冲前推练习

水平划拉练习
注意:右腿负重,左腿放松

利用钢索进行的变换式
旋转练习

坐式平举哑铃旋转

第一个周期包括图 1~图 9，第二个周期包括图 10~图 17。每一个周期都是全身训练。参照第 5 章如何选择合适的力量进行幅度练习，请做 2 次，并且将每个动作重复做 10~15 次。

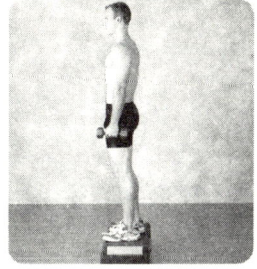

持哑铃的台阶练习
注意：上下分阶单脚保持平衡 2~3 秒钟

持哑铃箭步走练习
注意：在每个箭步走之间单腿站立 2~3 秒钟

坐姿划船
注意：上肢交替

平衡球上单臂上拉

俯卧撑

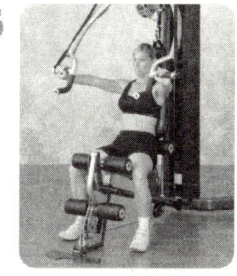

坐式器械前推练习
注意：上肢交替

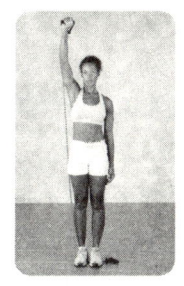

站姿单臂上举练习

体前屈上拉
注意：上肢交替

111

60 分钟耐力训练

60分钟的耐力训练从核心部位扩展运动开始,目的是训练你的腹部肌肉。因此,如果你想更多地训练腹部肌肉或者在一个星期内错过了普拉提训练你就可以选择这个项目。普拉提训练包括许多针对你腹部肌肉训练的项目,有助于提高脊柱的稳定性。今后,普拉提训练会更加流行。

1

绑缚走练习

2

上身在平衡球上支撑的桥练习

3

仰卧屈腿支撑的桥练习

4

下体在平衡球上的支撑练习

5

立式绳索斜下拉练习

6

单腿下蹲练习

7

持哑铃倒向箭步练习
注意:在每个箭步走之间单腿站立2~3秒钟

8

持哑铃箭步旋转练习

9
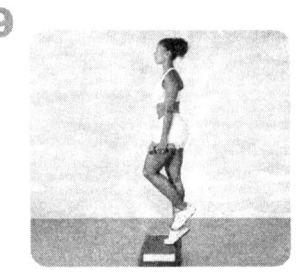
负重单脚提踵练习

参照第 5 章如何选择合适的力量进行耐力练习，做 60 分钟的耐力训练 3 次，请将每个动作重复 15~25 次。

侧冲单臂水平划拉练习

站立单臂前推

蟹走练习
注意：放慢动作

站姿单臂上举练习

侧冲单臂水平划拉练习

60 分钟力量训练

当你训练非常辛苦的时候，你就不能做太多重复练习。这个力量训练在两个练习间加入了一些高密度的心肺适能运动训练项目。在两个练习中间花费尽量多的时间调节呼吸。这将给你恢复的机会并进行接下来的训练。这个训练使用的是功率自行车来进行心肺适能运动训练（你可以用步行训练和椭圆机来代替自行车）。练习时请参考 104 页 45 分钟力量

1

箭步跳练习

心肺适能训练：

功率自行车

2

蹲举中等实心球

注意：慢蹲、快举

3

增强式俯卧撑练习

心肺适能训练：

功率自行车

4

水平划拉练习

注意：相对快速做

5

利用钢索进行的变换

式旋转练习

6

平衡球上滚动练习

注意：放慢动作，保持

5 秒钟

练习中有关心肺适能运动训练的信息。

参照第 5 章如何选择合适的力量进行力量练习,完整地做该力量训练 3 次,并将每个练习重复做 3~10 次,然后,再分别做体重和核心部位有关的练习项目各 3 次。

7

蟹走练习

注意:移动 1 分钟

心肺适能训练:

功率自行车

8

侧向直臂支撑练习

9

俯卧直臂支撑练习

心肺适能训练:

功率自行车

10

背部伸展练习

11

仰卧举腿侧向左右摆动练习

注意:又快速又安全

心肺适能训练:

功率自行车

12

仰卧屈体练习

60分钟一般保健与健康训练

在这个常规训练开始之前做一个长时间的热身运动。因为这本书中的热身运动是由各种各样的基本动作组成的全身训练计划,有助于达到改善你的健康与保健的目的,包括了心肺适能运动训练,你可以使用步行训练、单车有氧训练或者椭圆机来训练心肺适能运动训练。

蹬腿练习

负重直腿硬拉练习
心肺适能训练:功率自行车或脚踏车或椭圆机3分钟

站立划船
注意:从下拉

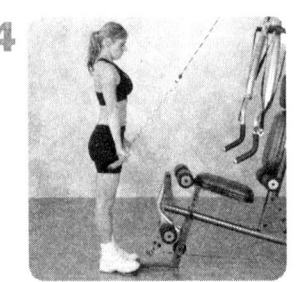

直臂绳索下拉

移动俯卧撑
心肺适能训练:功率自行车或脚踏车或椭圆机3分钟

体前屈上拉

参照第 5 章如何选择合适的力量进行保健与健康训练，没有其他说明，请做 60 分钟的保健与健康训练 2 次，每个动作做 8~12 次。

7

利用钢索进行的变换
式旋转练习

8

单腿站立体前屈接上举

9

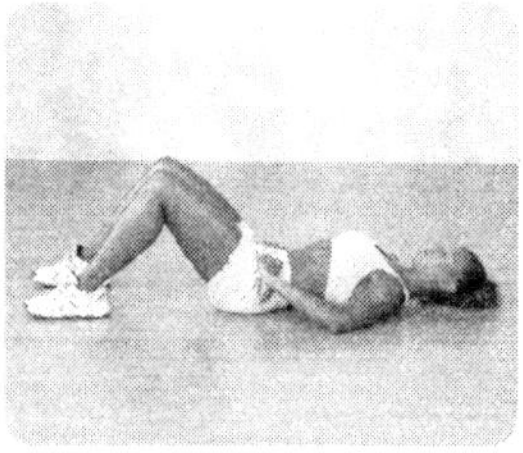

仰卧屈腿单腿抬保持练习
注意：做 1 分钟
心肺适能训练：功率自行车
或脚踏车或椭圆机 3 分钟

第三部分

晨 练

10 上半身训练 ················· 121

11 核心力量练习 ················· 157

12 下半身训练 ················· 181

10

上半身训练

大多数上肢运动是通过肩部或者肘关节（或者一起）来活动上肢。通过操作这些关节和肌肉就可以使上肢进行大范围的运动，这可以统一晨练中的力量训练。本章要介绍一些关于肩带、肩关节和肘关节的知识。

- **肩带**。肩带是由肩胛骨、锁骨和胸骨构成的。肩带在上身运动中的作用非常重要，因为它对于肩关节的协调和动作的稳定起作用，有助于举起更多的重量。肩部的运动包括抬起和放下，即使肩胛骨提升和下放。收缩是使肩胛骨缩紧在一起，舒张则是使其分开。在做肩部运动的过程中，可以通过想象自己的肩带和肩关节一起做平稳的、有节奏的动作来增强它们的性能。例如，在做推举时，伴随着做运动时远离或朝向地面的动作身体有所下降，你可能会感觉到自己的肩胛骨是如何缓慢地分离的。

- **肩关节**。肩关节是由肱骨和肩胛骨组成的。肱骨的上端与肩胛骨的骨臼相接合。它可以做出各种动作，包括将上肢举到身体前方时的弯曲和将其放下或者从前向后伸展时的舒张。肩关节可以用来引发动作，如将其移动到身体的一侧或者举向天花板。肩关节可以诱导上肢沿着横膜肌（水平面）做运动。这类移动是以上肢放在身体的一侧并处于肩膀的高度为前提的。引导上肢朝向同侧向前和向后均属于水平引导，也就是说肩关节可以做向内或向外的旋转。

● **肘关节**。肘关节有两种基本运动：使上肢弯曲，减少上臂和前臂之间的距离，而且它可以使上肢伸展，在肘关节处也基本上是直的，而且也可以绕着肘进行旋转。如果将肘弯成90°，就可以通过前臂的旋转来让大拇指朝外而手掌向上，这叫做反掌。相反的动作是使大拇指朝内而手掌向下，即回旋。

本章内容的设计，主要是在同一时间达到多块肌肉得到训练的效果，这会使晨练变得更有效，因为通过一次同时挑战多个肌肉要比挑战单个肌肉得到的训练更多。这种方法更有效，意味着它更贴近现实生活，因为在现实中你总是在设法保持不同肌肉之间的协调。

● **背阔肌**。背阔肌起于背部下面的腰肌膜，止于身体每侧的斜角，覆盖了背部大部分面积，接近肩膀的下部并与前臂的前部相连接。在任何时候做运动时，当你从前侧或两侧向前拉伸躯体的过程中，背阔肌都在运动。如果做划桨的动作，它也可以使上肢从前向后运动，当从侧面放下上肢如同侧面下拉一样，是通过背阔肌来带动肩部运动的。它还可以使肩部向内回旋，这种机制在运动中保持平衡或不规范动作令肩部向前弯曲时会起到作用。记住在做任何运动时都要使自己的肩部处于向后和下垂的状态。

● **胸大肌**。胸大肌组织的始端沿着锁骨和胸骨。从这些骨头开始，肌纤维穿过胸部到达上臂的前侧。随着运动的角度不同，胸大肌可以做出不同的动作。在所出现的所有动作中，频率最高的就是将两个上肢一起举到与肩同高的位置，这叫做水平内收。和背阔肌一样，胸大肌以可以进行内旋，这是人们在日常生活中出现内旋姿势的一个潜在因素。这种姿势的出现在与对抗中上背部肌肉时，胸大肌用力过强和保持同一姿势的时间过长有关（如长时间伏案工作）。为了避免其发展，就要使中上背部肌肉和胸大肌的力量保持平衡。

在本书中关于上身运动的内容是以同时训练前部三角肌和三头肌为目标的，这种设计当然要比独立的对单个肌肉进行训练效果好很多。

● **三角肌**。三角肌，也叫肩肌，可以分为前、中、后三个部分。当人体直立并使上肢处于自然下垂的状态时，它的纤维或多或少都会做上下的移动。某部分是否可以得到更多的训练，决定于上肢是以哪种方式克服地心引力做运动的。前纤维通过肩部来使上肢弯曲，将其从身体一侧的静止状态向上或向下运动，即水平内收，使其从侧面的某一位置举到与地面平行。中纤维可以使上肢举过头顶。后纤维则与前纤维相反，它令上肢从弯曲或静止的状态向后拉伸而舒展，也可以对其进行水平诱导使它水平后拉。

● **三头肌**。三头肌的意思就是"三个头"。肌肉的长头始于肩胛骨，这意味着它也有助于肩部的拉伸。另外的两头源于肱骨：所以肌肉都止于尺骨，即前臂的一根骨头。三头肌的主要功能就是放松，或者使肘关节伸直。

- **肩带肌**。肩带肌对于肩关节的运动并没有直接的作用，但是它们是一起工作的。这些肌肉包括菱形肌和斜方肌。前者将肩胛骨拉向脊柱，后者可以分为三部分，其中每一部分都有自己的功能。上斜方肌可以肩部抬升或耸起；中斜方肌可以诱导或一起拉伸肩胛骨；下斜方肌可压下或降低肩胛骨。我们当中许多人的上斜方肌不是太紧就是太松。当做本章中所涉及到的运动时，都会要求将斜方肌收缩，以保证肩胛骨是向下和向后舒张而不是紧绷的。

对上背部的上中部和后肩进行多于胸大肌和前三角肌的运动是非常重要的，因此，工作习惯（如弓着身体坐在电脑前）和自身重力经常会形成过分向前弯曲的姿势，正是由于这个原因，本书中的运动方式才更多地强调后肌而不是前肌的作用。

单臂上拉

　　这类动作以训练背阔肌和上肢的力量为目标。而且因为要使身体时刻保持在长凳上，所以对身体的核心力量也是一种挑战。站在凳子的右边，左膝和左手放在凳子上，使它们与处于中心位置的脊柱保持距离，同时胸部突出，肩部要往后和向下。右手握哑铃，右上肢要垂直指向地面（图1），当右肘向上运动时呼气，同时要使其贴近身体的一侧（图2），在上肢运动时，要想到让肩胛骨向下和向后。眼睛往下看以保持脖子处于中间的位置。身体的另一侧可重复进行。

平衡球上单臂上拉

　　这类动作仍然以训练背阔肌和上肢的力量为目标。在运动中要维持身体静止,对核心肌肉的挑战要比前一项运动大得多,因为球是不固定的。将球放在身体的右前方,将右手放在上面,从臀部起向前倾斜,使胸部突出,保持肩部向后向下。左手握哑铃,左上肢垂直指向地面(图1),当竖直向上举起左上肢的时候要呼气,并保持它贴近身体的一侧(图2)。在上肢运动时,要想到让肩胛骨向下和向后。眼睛往下看以保持脖子处于中间的位置。身体的另一侧重复进行。

无支撑上拉

　　这类动作以训练背阔肌和上肢的力量为目标,而且,它对身体的核心肌肉挑战也很大,因为你必须在不依靠器械如长凳的支持下,依靠自己的力量举起器械。如果做类似的运动,在举哑铃的时候,你需要从臀部开始弯曲来集中力量精确地克服重力。大多数人很难区分始于臀部的弯曲和始于脊柱的弯曲,找一个你适合的位置站着,令右侧面对着镜子,并注意后背下部的曲线,现在从臀部开始向前屈身,确保背部下部处没有降低——可以避免使背向前弯曲。

　　每只手都拿一只哑铃放在体侧。在不使脊柱脱离中线的前提下,从髋部开始弯曲使上身尽最大的可能往远处伸(如果腿筋太紧的话可能无法伸得太远,但是经过练习这会变得很容易)。这是运动开始的位置(图1),将上肢垂直放下。面对着地板保持脖子处于中间状态。呼气的同时,使上肢垂直向上移动,并保持紧贴身体两侧(图2),在运动的过程中保持肩部向下和向后伸展。

管类器械划拉练习

　　这套动作练习的是身体的背阔肌和上肢力量。在用管类器械的时候，你可以通过改变拉力的角度来增加其多样性。在管子上缠一个固定的物体使其面对着自己。你可以通过调节管子的高度来改变角度。可以高到高于你的肩膀，那样，你就可以做基本的下拉动作，或者也可以将其设成齐胸的高度。每只手拿一个柄，向后移动，直到感觉管子与开始前相比受到了张力，并且努力使两边的力量均衡。两脚分开与髋同宽（图1），当呼气时，肘弯曲并且往后拉，使它们接近你的身体，保持肩部向后和向下（图2）。如果你想在运动的过程中感到更加稳定，可以将两脚错开，使其中的一只稍前于另外的一只。但是，在这样做时，要保证每只脚竖直向前。

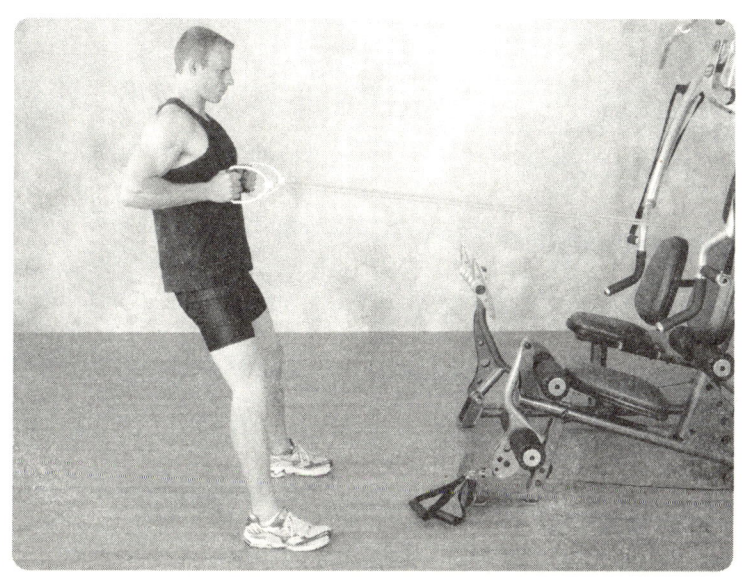

站立划船

　　这套动作锻炼身体的背阔肌和上肢力量。有许多可以提供的缆绳类器材。这种新的练习方式不仅可以调整缆绳的高度，而且也能够更加随意地改变缆绳移动的拉力和凸轮轴的旋转。这样就提供了更多的机会进行不同角度的划练，使你能够变换方式来不断地对身体进行挑战。你可以将缆绳调到任何自己喜欢的高度。

　　每只手都抓住缆绳的柄。离缆绳柱足够远，使得在运动开始前即可获得一定的阻力。如果想要感到更加稳固，可以将双脚分开，使一只稍前于另外一只。保持每只脚都竖直向前（图1）。在呼气的同时，使上肢向后拉，让肘部贴近身体。在做运动的同时将肩部向下和向后拉（图2）。隔一段时间就改变一下自己运动的规律（例如，一次是正前方拉伸，下一次可以从顶部拉，再下一次也可以从底部拉）。你也可以进行单臂划练，也可以在练习时稍稍改变一下方向，当然也可以变换上肢来进行练习。

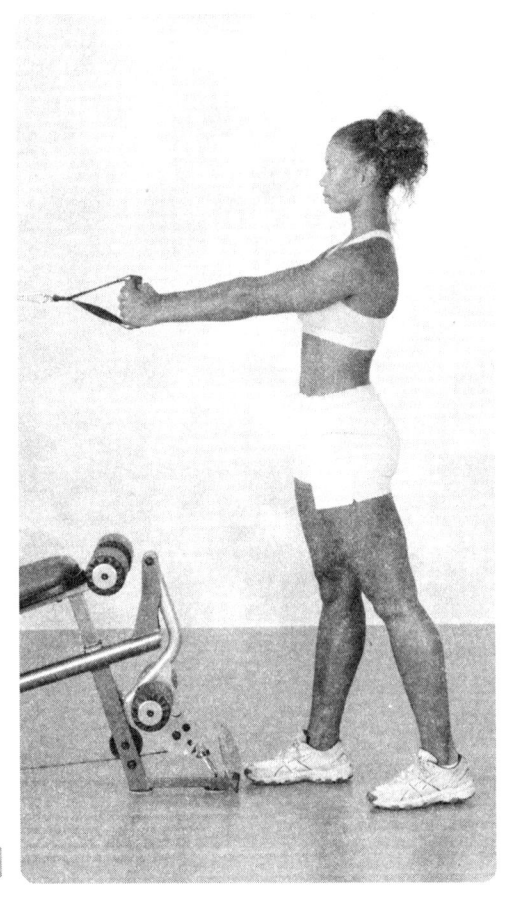

坐姿划船

　　这套动作也是锻炼身体的背阔肌和上肢力量。明确座位有多高，在不举任何手柄的前提下做划练的动作。开始时面对着衬垫坐在机器上，将上肢垂直举到身前，拇指向上。肘部弯曲同时将上肢向后拉，并保持其贴近身体。但是，如果在竖直手柄上做划练，你必须以同样的方式进行运动，不可以让前臂低于或高于前面的动作。如果座太高，你会发现在运动时肘部弯曲过多。如果座太低，你会觉得即使想使肘部弯曲90°也会很困难。要相应地去尝试和调整。

　　在用器械进行划练时，努力坐直坐高，并且利用你的核心肌肉去稳固身体，不要太多地弯向靠垫。脚部要平放在地面上。在开始前可以调整一下靠垫，那样，你就不得不向前一些才可以够到手柄。在做划练的时候，举手柄时要使双手手掌相对，同时，大拇指向上竖起（图1）。当呼气的时候，在向后拉肘关节的同时使肩部向后向下拉伸，使它们贴近身体（图2）。

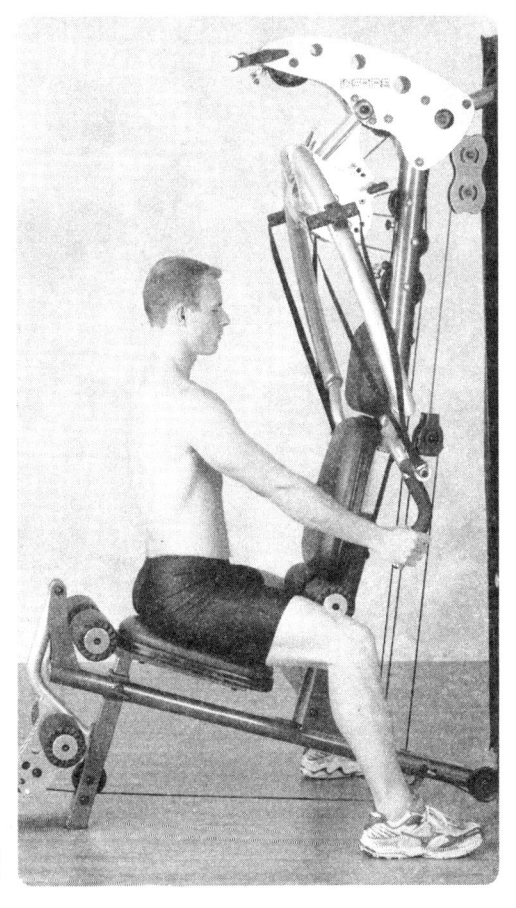
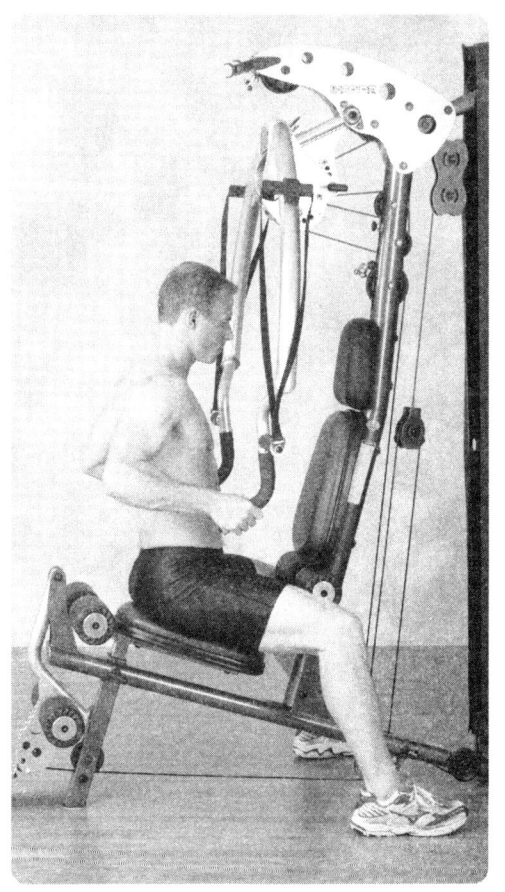

坐姿反握下拉练习

这项运动可以训练背阔肌、后三角肌和二头肌。当你使用低手柄来做背阔肌的下拉以使上肢从前面靠着身体从上而下运动，就像划练一样。如果举着横柄自上而下运动而使肘关节向外突向体侧，你就需要收紧肩膀了。用低手柄来做举起动作时对二头肌的训练作用很大，因为二头肌（臂力）有助于完成旋转的动作（旋转前臂和出拳）。你可以改变背阔肌下拉的练习方式，在一个阶段使用低手柄练而另一个阶段用高手柄练，上肢下移并且肘部弯向体侧。

坐在背阔肌下拉的器械上，抓住横杆，两手距离要稍大于肩宽（图1）。如果你想像训练上身那样训练核心肌肉，就不要在大腿处放垫子。呼气的同时使肩部向后和向下拉，使肘部下拉靠近体侧（图2）。当肘部到达体侧时停止，横杆停在什么位置并不重要。

1

2

直臂绳索下拉

这项动作训练背阔肌、三头肌连同后三角肌。它对于身体的核心力量的训练很有作用，因为你在运动中必须在站立的同时保持稳定。将缆索置于上部以确保它可以从缆索杆的上部开始往外拉。当身体和上肢放在运动开始的位置时，不要碰到其他的器材，站在足够远的地方以确保你可以感到缆绳中的拉力，然后抬起所使用的板。在拉缆绳的时候要举起双手，从髋部开始向前弯曲按照缆索被拉的方式集中全身的力量（图1）。呼气，在将上肢放到身体一侧的同时将肩胛骨收紧和向下拉，以使它们最终接近身体的正确部位（图2）。

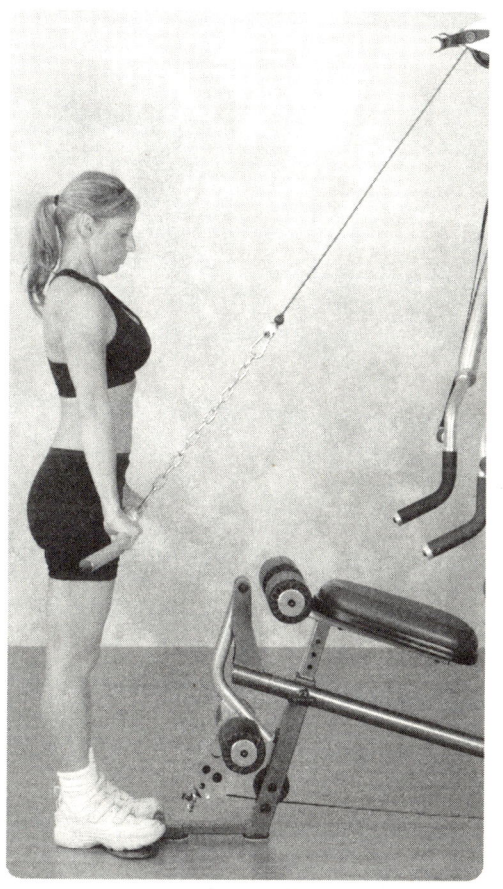

长椅上哑铃拉举

凳上哑铃上举练习和划练一样包括肩部的舒张，这是由几个不同的原因造成。因为在做拉举的时候，身体是平躺着的，在移动哑铃的时候，你需要依靠自己的核心肌肉来使身体保持稳定。而且，动作开始时上肢在头后面是伸长的（所以如果你是站立着的，它们将向上指向天花板），同时哑铃是与重力垂直的，这会使你感到它相比较而言更重一些。然后，当哑铃举到身体的正上方时停止移动。

两脚分别位于凳子的一边坐下。每只手都抓一只哑铃，将其举在身体的中间位置然后向上或向下运动。背靠着凳子躺下。你可以将脚抬起来放在凳子上，膝盖弯曲，或者也可以将脚放在地上。如果你在上举的过程中同时抬起一只或两只脚，对你身体的核心会有更大的挑战。将哑铃举过头顶使上肢向外伸展，同时与身体处于同一条线上（如果你伸直，它们将会越过头顶向上）。它们在肘关节处应该相对直一些（图1）。呼气的时候，将肩胛骨向后向下拉，同时，将哑铃举过头顶和胸直到你的上肢与身体垂直（图2）。

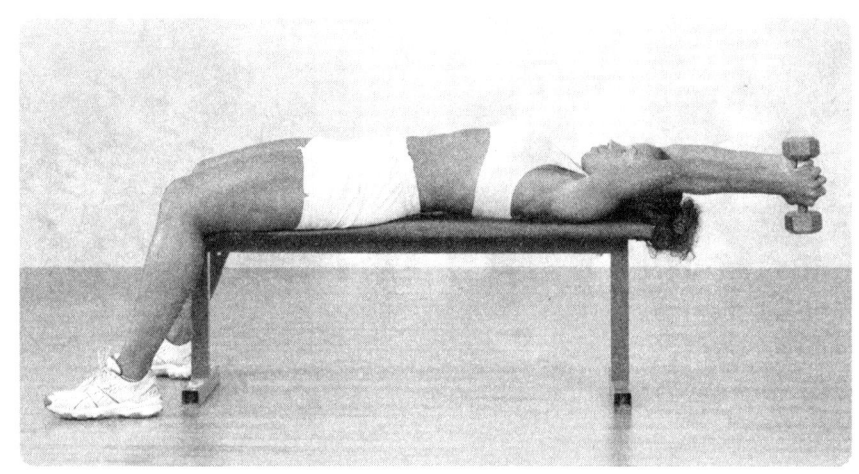

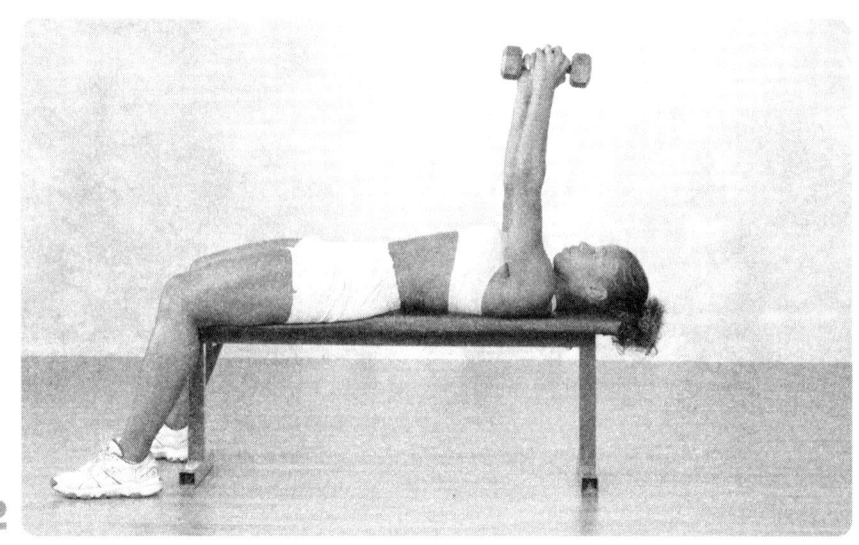

平衡球上哑铃拉举

使用固定球代替长凳要求你利用更多的核心力量来保证在运动过程中的平衡和稳定，因为球的表面是不固定的。你无法举起与使用长凳时一样的重量，所以，如果用相对轻一些的重量来训练时，这种变式对于耐久性的练习是一个不错的选择。这种固定球是足够大的，以至于当你坐在上面的时候大腿或多或少都会与地面平行。

坐好之后，将哑铃举到身体的中间位置，它的两端竖直向上和向下，将脚向前放好，让自己的身体慢慢地躺在球上。尽量向远处移动，直到肩膀和头部到达球体，在整个过程中，都要使脖子保持在中间位置。将哑铃举到头的上方或者下方以使上肢在你的身后伸展并与地面平行，使肘部相对地直一些（图1）。呼气的时候，将肩胛骨向后向下拉，同时将哑铃举过头顶和胸，直到上肢与身体垂直（图2）。

平衡球上滚动练习

　　这种练习通过肩部的拉伸来训练背阔肌——那就意味着将上肢向下拉（相对于身体）向体侧。这种练习和肩带固定一样，对后三角肌、三头肌和核心都有刺激。面对着球跪下并将手放在上面，同时掌心向下，上肢之间的距离要小于肩宽（图1）。球越大，这项练习就越容易，因为，此时你离地面的距离就越远。向前弯曲20°，移动膝盖同时保持脊柱不被弯曲。当你弯向地面的同时，球将会向前滚，在膝盖处旋转（图2）。在移动时，你的上肢相对比较固定，但是使你的肘部变软了。改变方向向回拉。你滚的越远，这项练习的难度也就会变得越大。确保在整个过程中你的脊柱不弯曲，前提是只能滚到你能保持的最远处。如果在做这些的时候身边有镜子，你会收到关于动作的良好反馈。

反握引体向上

我们中的大多数人上身和核心力量都比较薄弱，这使得引体向上的练习非常困难，因为它要求我们克服全身的重力往上提。引体向上是通过低手抓杆来完成的。这项运动训练身体的背阔肌和二头肌。你的二头肌在低手抓的运动中尤其困难，因为此时你的前臂处于反转的位置而且手掌也是反向的。

开始时身体悬挂在横杆上。你可以使用一个凳子或者板子来帮助你达到初始位置。上肢分开与肩同宽在横杆上坚持一段时间（图1）。当身体往上移动时保持肩胛骨向后和向下拉。一直向上直到肘部弯曲并碰到体侧，同时下颚靠近横杆（图2）。

如果你无法使自己提起来，可以尝试做相反的引体向上。意思就是你先到达最高的位置，然后慢慢地向下移动。做这个动作时，可以借助于椅子或者凳子来使自己到达足够高的起始位置。让自己降低要比抬高容易，因为你是在朝着重力的方向而不是反向进行运动，而且还有一个原因是，人体肌肉的内部摩擦力在拉长时要比缩短时小。做反方向的引体向上对于力量训练的作用是很大的。

俯卧撑

和引体向上一样，俯卧撑也是一种非常好的训练方式，因为它是通过克服自身重力的移动来实现的。这对于你的上身和核心部位是一种挑战。俯卧撑主要是训练胸肌和前三角肌以及三头肌，因为你必须上肢伸直。

面对着毯子或者地面趴下。将手放在地上，双手手掌置于肩膀下面，但要分开较肩稍宽一点的距离，并且是离身体中部稍远的地方。然后将上肢伸直，同时从脚趾开始将身体往上提，并保持脖子和脊柱的后部处于中间位置，使身体从头到脚都处在同一直线上（图1）。从这个位置开始，将身体降到上肢可以弯成小于等于90°的位置，同时要使整个身体都保持直线（图2），然后再用力推起。也可以从膝盖的位置开始进行俯卧撑（图3、图4）。

你可以从任何角度进行俯卧撑。身体越直立，这个动作就越容易。开始时也可以对着墙壁做，然后通过在凳子或者栏杆上逐渐降低高度来增加难度。另外一个比较容易的变换方式是改变手的位置。如果手所放的位置不平衡——例如，在地上移动的时候将右手放在左手前的20英寸（大约50厘米），或者在墙上做的时候右手高于左手50厘米——这对肌肉的要求是不一样的，而且会添加训练的活力。

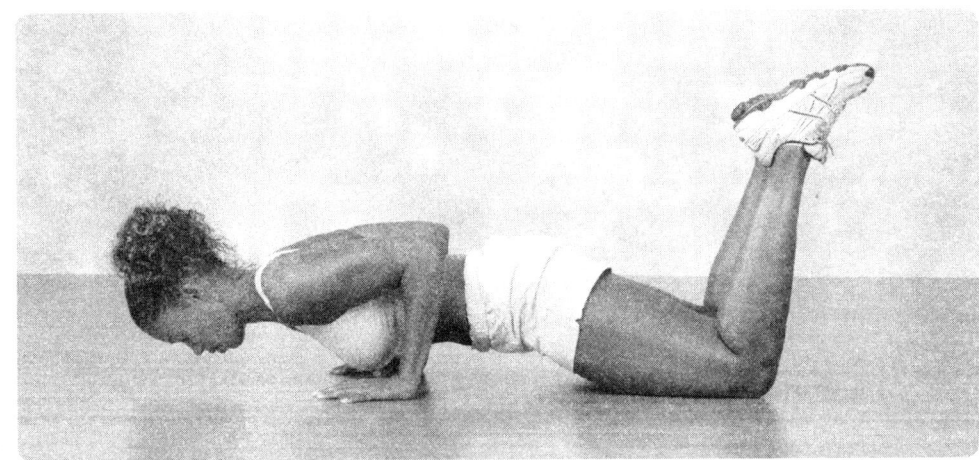

移动俯卧撑

这种方式是前面介绍的非对称位置练习的改进。在做这类俯卧撑的时候，每一次重复之后，你要改变每只手的位置（一次只移动一只）。持续的位置变换会提高肘关节对运动的控制能力。改变移动的位置会以轻微不同的方式来刺激肌肉纤维，强迫它们来适应并帮助你在不同位置的变换当中变得强大。

变换任何一种俯卧撑的方式，地上或者墙上都可以，并做一次重复动作。现在，抬起自己的左手并使其向左移动2英寸（大约5厘米，图1）。抬起右手使其向左移动同样的距离，即2英寸，然后做另一组俯卧撑（图2）。接下来向中心移动自己的右手，然后是左手，2英寸（同样是大约5厘米）然后再做下一组俯卧撑。向右面的中心移动，然后再返回来。你的运动基本是在一段短距离内来回移动。当你移动自己的双手时，也要注意支点要在膝盖或者脚趾。你甚至也可以向前或向后移动几英寸来改变角度。

腿在平衡球上的俯卧撑

这套动作训练身体的胸肌、前三角肌、三头肌和核心部位，同时必须将腿部保持在球顶部。球越大，练习的难度就越大，因为，此时腿离地面的距离远，而且集中指向上肢的力量也越大。

跪在地上，面朝着球。将自己的身体滚到球的上面，并且将手放到球体另一侧的地面上（图1）。当身体在球上滚动的同时用手向前走。从这个位置开始，将上身向着地面移动，保持背部的笔直（图2）。到达的位置离起始的位置越远，俯卧撑的作用就越大，所以开始的时候要使小腿尽可能多地放在球体上。在今后的练习中，如果变得更加强壮了就可以调整自己的位置了。

增强式俯卧撑练习

许多人认为增强式运动就是意味着许多的力量，或者认为这种练习应该只用于优秀的竞技运动员。这种观点太不正确了。最重要的事情是找到适合自己的水平。如果你试图在做增强式俯卧撑的时候远离地面，你会发现自己几乎无法离开地面，也就是说这类动作对你的难度很大——但是你可以在墙上或者抬高的表面上容易做到，随着时间的推移，你的力量和稳定性会随着时间的推移而得到提高。

这项练习以训练你的胸肌、前三角肌和三头肌为目标。增强式的力量也可以增加肩部和上肢的稳定性。你可以在体育馆或者公园的长凳上进行练习。

将双手放在长凳上，上肢伸展，向后移动足够远的距离，使得身体从肩部到脚趾处在同一条直线上。从中途向长凳处倒下（图1），然后用力推，使得自己的双手可以短暂地抬离长凳（图2）。当再次向长凳倒下的时候，逐渐减慢下降速度，然后再以相对快一点的速度再次于中途倒下。

卧推

　　使用哑铃要比用器械困难得多,因为你必须独立地控制每只手。你同时需要利用核心部位。当在这项练习中使用长凳时,你既可以将脚放在长凳任何一边的地面上,也可以通过膝盖的弯曲使脚部保持平展。如果你可以在未弯曲脊柱的前提下使脚部平展地放在地面上,那将会是非常不错的状态。但是,如果凳子的高度相对于你的腿来说太高的话,最好将腿放在凳子上进行练习。

　　在凳子的中间位置开始,每只手里都拿一只哑铃。后背靠在凳子上,先把重量举到身体的中间位置,以保证自己是安全的。然后向上举起,将它们举直到身体的上部,分开的距离大约与肩同宽。使手掌处于向前的位置。吸气的同时将肘部向外弯曲90°以使两只前臂处在同一条直线上,与地面垂直(图1)。吸气的同时将上肢向外伸直,将哑铃相对向上举起(图2)。

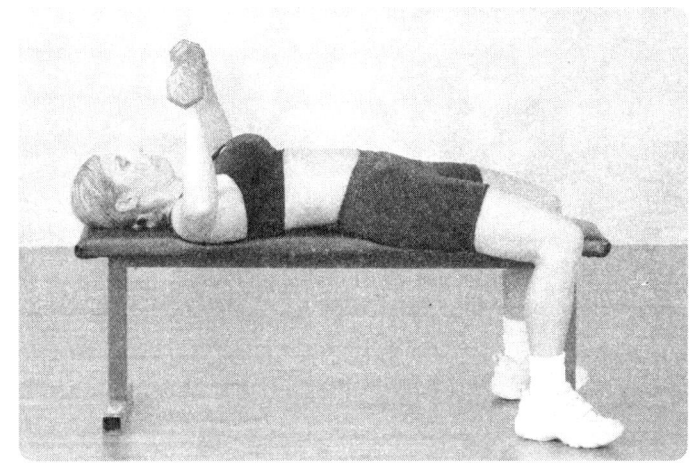

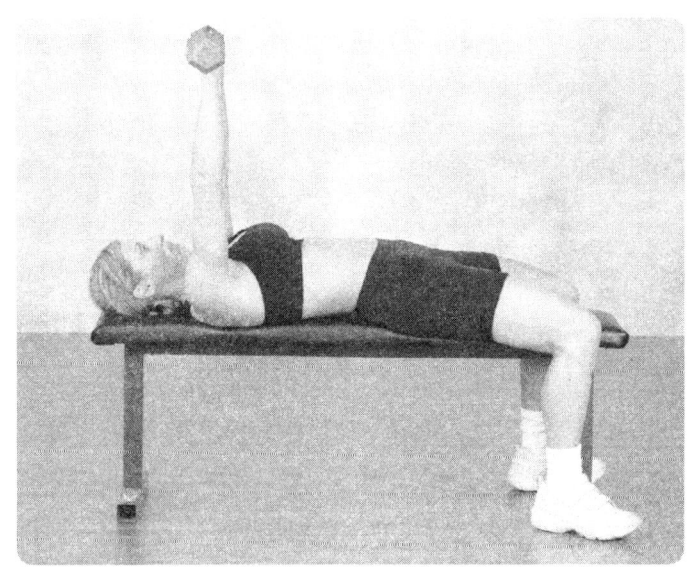

长椅单臂交替卧推

在这项练习里，你将要变换上肢，先将一只上肢放在停止的位置，同时举起另外一只，然后变换着举起先前的那一只，不断进行两边之间的交换。在整个练习的过程中，想要保持身体的稳定会对核心部位提出更多的要求。开始时，坐在凳子的中间，每只手中拿一只哑铃。背部靠着凳子躺下，或者将双脚提起或者放在地上。将哑铃往身体的中间位置举，直到身体感觉到在这个位置是安全的。然后，向上举起，使它们到达身体的竖直上方，两者之间的距离与肩同宽。使手掌处于向前的位置（图1）。吸气的同时将肘部向外弯曲90°以使两只前臂处在同一条直线上，与地面垂直（图2）。呼气的同时，使臂伸直，将它们面对面举向上方。保持右臂举在那里不动，然后只放下左臂。在下一次的重复中，保持左臂上举而让右臂放下。

平衡球上的哑铃卧推

　　和任何一种使用固定球的练习一样，在这个过程中都需要保持稳定和平衡。你无法举起和使用长凳或者胸部推举器一样多的重量，所以，如果是以训练肌肉的耐久性或者体积为目标而不是力量的话，这种方式将是一个不错的选择。固定球的体积应该足够大，使你在球上时小腿部分或多或少地与地面平行。每只手举一只哑铃坐在球上。向后躺在球上并将哑铃举到身体的中部，慢慢地向前移动你的脚，直到肩部和头部到达球体，始终保持脖子位于中间的位置。

　　将哑铃举到身体的中间部分直到你感觉自己所处的位置很安全。

站立单臂前推

将管形器械缠绕在一个固定的物体上,将其置于与肩同高的位置。拿起一只手柄把它穿过另外一只并固定好。远离管形器材,反向站立,把右腿放在左腿前面,用左手将独立的手柄举到胸前的高度,同时肘部抬起呈90°角。上肢要与地面平行,肘关节向后(图1)。呼气的同时,使左手向前伸直到上肢的手臂变直(图2)。完成重复练习后,再进行对侧的练习。

单臂前冲前推练习

　　这套动作以训练整个身体的下部为目标，也包括胸大肌、前三角肌和三头肌。双脚分开与臀同宽的距离站立，背朝钢索。左手拿起一只手柄，将其置于胸部的高度，同时肘部抬起呈90°角（图1）。呼气的同时，迈右腿进行前冲运动，同时将左手向前推出，直到两膝均弯成90°为止（图2）。抬起右腿向后移动，使左臂回到起始的位置，重复几次后进行对侧身体的练习。

坐式器械前推练习

这项练习以发展胸大肌肌群、前三角肌和三头肌为目标。有许多种不同类型的推胸器械，我们在这里主要介绍的是针对商业性俱乐部中最为常见的。选择适合的座高，坐在器械上并将上肢举起同时抬高上肢使其弯成 90°角，然后在胸部的高度向外伸出。上肢要与地面平行，座高应该可以进行调整，这样就可以使上肢在举器械横柄的时候也可以到达这个位置。

紧握手柄，将上肢向后拉以使肘部靠近身体或稍微往后一点（图 1）。两臂或单臂向前伸以使肘部相对直一些（图 2）。单臂练习要比静止练习对核心部位的挑战更大。

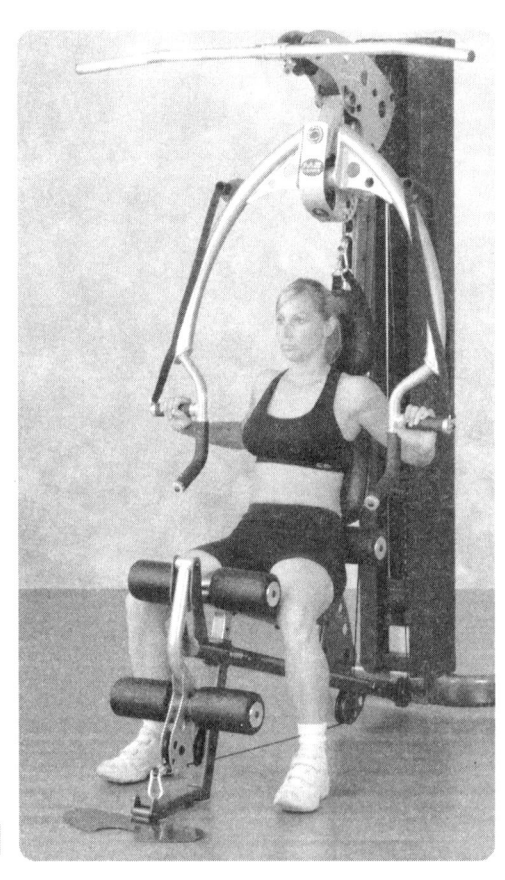

侧屈上举

这项练习训练三角肌和三头肌。双脚与臀同宽站立，举起哑铃，或者一只脚稍前于另外一只而错开，这会增强身体的稳定性，但也会增加难度。可以双脚合并站立。向上举哑铃，肘部弯成90°，然后从体侧举到与肩同高。前臂要竖直向上或向下举，掌心向前（图1）。呼气的同时，上肢伸直上举（图2）。然后，将其下放直至肘部到达肩部的高度停止。

单腿站立体前屈接上举

　　这项练习训练身体的三角肌、三头肌和二头肌。同时，它也是对单腿站立时身体的稳定性和平衡性的一种训练。训练时采用的重量要比双脚着地时重一些。

　　将哑铃举到身体两侧，手掌朝前，双肘弯曲，右腿单立，并将哑铃向靠近前臂的方向移动（图1）。接着向下移动肘部，以使手掌朝前且前臂竖直。垂直上举哑铃，同时使二者彼此靠近，在肩推时伸直双肘（图2）。左腿单立做重复练习。

站姿单臂上举练习

　　这个动作训练身体的三头肌和二头肌。双脚站在弹力带子和左手柄中间的位置。右手举起另一只手柄,同时,将右臂向上举到肩部的高度,肘部弯成90°,接着向上举起前臂(图1)。呼气的同时,将上肢的肘部伸直(图2)。在整个过程中保持手腕的固定,防止其在运动中被扭转或拉伸。可以通过向左移动脚步来减少身体获得的阻力,当然,如果要获得更多阻力的话,可选择向右移动。完成重复练习后,再在身体的对侧进行练习。

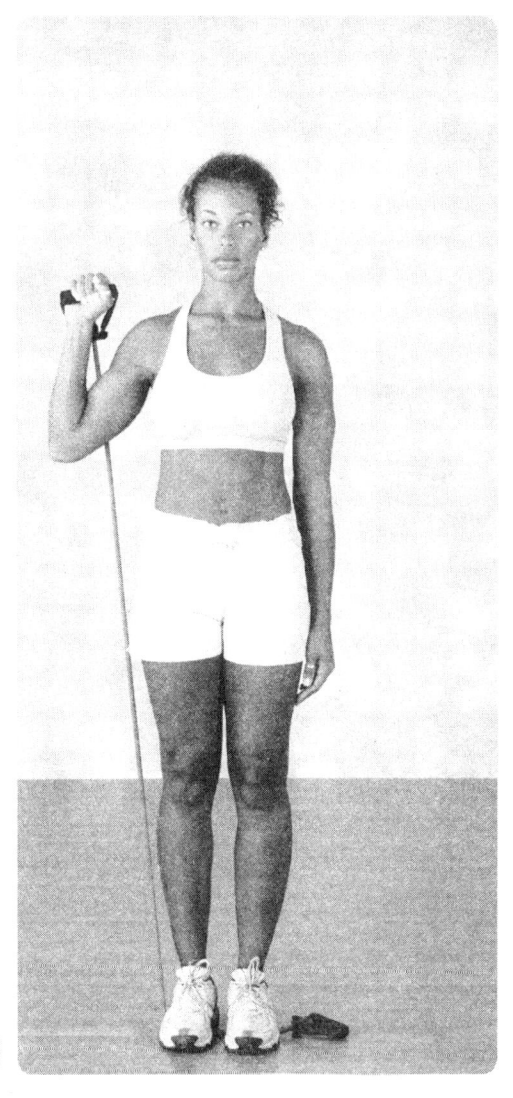

体前屈上拉

这套动作训练身体的长斜方肌、中斜方肌、后三角肌和三头肌。要记住：在运动中使身体保持在同一水平面是非常重要的，和核心部位要保持在竖直平面内一样，并不一定非常垂直。当你举着哑铃在水平方向做运动时，你需要前倾来克服重力——而双臂仍然在相对于核心部位做水平的运动，与地心引力相垂直的。

每只手中都拿一只哑铃，从臀部开始使身体前倾。确保背部的下方是在中间位置上的，同时放松膝盖，腹肌紧绷。双臂在肩部竖直下垂，同时，膝关节朝向地面（图1）。呼气，肘部向外拉并同时上举（图2）。同时肩胛骨向后向下拉。在运动中要直视地面以保持颈部处于中间位置。

1

2

水平划拉练习

　　这套动作训练身体背部的中上部和后三角肌。面朝拉绳站好,将其固定于与胸同高的位置。在拉绳的末端连接双把手,并且每只手都抓一只手柄。右腿稍前于左腿站立,将上肢于体前向前伸直,与地面平行,同时打开肩胛骨(图1)。应该尽可能地远离拉绳以便在开始运动时物体间不会相碰。呼气的同时,向身后的方向拉动肘部,并收紧双肩。

1

2

侧冲单臂水平划拉练习

这项练习以训练身体的长斜方肌、中斜方肌、后三角肌和三头肌为目标，同时对腿部肌肉尤其是内收肌也能起到训练的作用。这是一项很好的上下身结合运动的练习项目。

将软管接在一个固定物体上与胸同高的位置，然后右手拿一只把手。站在距离固定物体足够远的距离以使身体在开始运动前即可感受到一定的拉力。将软管举起直到双臂可在肩高的位置垂直于核心部位而指向前方（图1）。右腿向右侧迈开，使右膝弯曲的同时，右大腿向后。此时，向后拉伸右臂，使其保持在肩部的高度并在肘部的位置弯曲（图2）。向中心返回，同时右臂再次伸出。完成重复练习之后，进行身体对侧的练习。

侧冲单臂水平划拉练习

与上述练习类似，这套动作也可以训练身体的长斜方肌、中斜方肌、后三角肌和三头肌为目标，同时对腿部肌肉尤其是内收肌也能起到训练的作用。它是另外一种可以对上下肢结合起来进行练习的例子。

固定钢索的位置，大约处于肩部的高度为宜，右手抓一只手柄。站在距离钢索足够远的距离，以使身体在运动开始时就可以感受到一些拉力。举起钢索的同时，上肢在身前肩高处伸长（图1）。右腿向右侧迈开，使右膝弯曲的同时右大腿向后伸出。此时，向后拉伸右臂，使其保持在肩部的高度并在肘部的位置弯曲（图2）。向中心返回，同时右臂再次伸出。完成重复练习之后，进行身体对侧的练习。

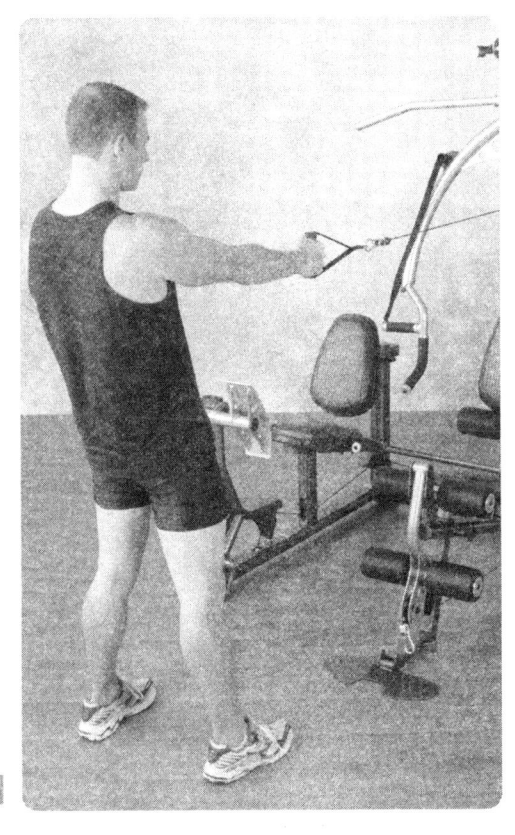

坐姿水平划船

这套动作训练身体的后三角肌、长斜方肌和中斜方肌。调整座位的高度,以便水平举起手柄时上肢正好处于或者略低于肩部的高度。手掌向下抓住手柄,两拇指相对(图1)。呼气的同时向后拉动肘部,同时使肩胛骨向后拉伸(图2)。应该将肘部弯紧并成90°角。

伸展，旋转和抬身

在前面的第 4 章中，我们已经探讨过这项练习，解释了它对于那些由于肩部的向前弯曲而导致身体状况较差的人是非常有益的。这对于上斜方肌较紧的人来说，同样很有益处。这项练习的主要目的是活动下斜方肌，然后反过来使上斜方肌得到放松。

跪在地上，向后坐下，使大腿部坐在脚踝的上面。上身放松，头部贴在地面的同时双臂贴紧头部向前拉伸，手掌朝向地面。在瑜伽的练习中，这个动作被认为是最初级的。双臂的肘部伸直，并使其从肩带开始沿着地面向远处滑行。也许这种感觉就像耸肩一样。这是练习的"拉伸"部分（图 1）。使上肢向前向后移动三次，然后再拉伸，并保持在向外拉伸的状态，同时使上肢整体向外旋转。这包括向上和向外旋转拇指，但是，要试图从肩部的位置开始各种运动以便整个上肢都可以转动。这是"转动"的部分。连续三次进行练习，拉伸、旋转上肢和反转，然后还原至起始的位置。第三次重复练习完毕之后，再做一次，但要将上肢保持在旋转拉伸的状态，然后令其上下运动 10 次（图 2）。反转上肢后将它们还原。

1

2

11

核心力量练习

　　核心部位是由将骨盆连接到胸廓的肌肉所组成的。最终的目的是使核心部位的肌肉变得强壮并构成膈来稳定脊柱。这项练习会使身体由内而外地强壮起来，帮助调动向上和向下的力量并且支撑着整个身体。从深层到表面稳定核心部位的最重要的肌肉是盆底肌、腹横肌、多裂肌（位于椎骨和脊柱之间的一块很小的肌肉），内外斜肌和腹直肌。近几年来，通过咀嚼来训练腹直肌已经引起了大家广泛的重视，因为许多练习项目是从健身者的身上得到启示的，是他们进行独特肌肉的训练而使其变强大。现在我们知道，那些从表面无法看到的深层的核心部位肌肉同样是非常重要的。

　　为了对核心部位进行适当的训练，你应该对核心部位中的深层肌肉参与运动时的感觉比较熟悉。躺在地上，双腿弯曲，双脚平放在地面上，两腿分开臀宽的距离。通过缓慢地将低背部水平靠在地上来找到身体脊柱的中间位置，或者使其形成自然的曲线，然后将盆骨向相反的方向移动，背部此时呈拱形。找到身体感觉正常的中间点，然后努力维持该状态。将双手放在腹部肚脐的两侧。利用鼻孔吸气，你将感觉到腰部在向上运动，而颈部感受不到丝毫的张力。或许你也看不到或感觉不到胸部上升的变化。使劲地用嘴呼气。现在你可以感到肚脐在被轻轻地拉动着。在做这些动作的时候，你可以不改变身体低背的曲线——也就是保持脊柱的中立位置。当你保持正常呼吸的同时，试图在腰部上升或下降的过程中肚脐被轻微地拉动。这个简单的姿势对于使核心部位肌肉按照合理的吮吸活动起来，以保证脊柱的稳定性是非常重要的。虽然保持这个练习的完整是有难度的，但是它对于练习的有效性和身体的安全是非常关键的。

核心力量练习的一些运动，如弯曲和旋转，是以一些特定肌肉为目标的，如果以保持核心部位的完全直立为目标也可以做核心力量练习，脊柱并不需要参与运动。这些经常包含在稳定性的练习中。其中，核心部位或其周围的肌肉进行的是等长收缩，也就是说收缩时肌肉没有产生任何的运动。在进行练习的过程中，你会感到肚脐被轻轻地拉动，而臀部的骨骼则保持静止。如果你感到自己无法再坚持了，就应该停止继续练习或者降低练习的难度。稳定性练习的目标是使内部活动的结构更加有效，这样，你在活动的过程中或协助更长时间稳定时就不需要给另外的非必须区域加压了。合理稳定身体也可以使你提起更多的重量，这对增加晨练的力量练习是有益处的。本章的内容既包括训练特定肌肉的练习，也包括稳定性练习。

仰卧屈腿单腿抬保持练习

这是一项稳定性练习。躺倒，双腿弯曲，双脚平放在地面上并且分开臀宽的距离。将双手放在大腿骨的位置上，感受一下身体在练习中是否可以保持平衡。呼气，轻轻地拉动腹部的肌肉，在连续呼吸的过程中保持这一位置不变（图1）。将左脚提起1英寸（大约30厘米，图2）。保持腿部弯曲，然后将其靠近地面放低。你应该感受不到大腿骨的移动。如果感觉到了，在继续练习之前再重复第一步的动作。将右脚抬高1英寸然后放下。不停地做变换，使每侧动作总共可以做到15次。你可以说说在肌肉疲劳之前感受到的身体内部的变化。例如，如果开始感到颈部紧张或者看到腹部在不自主地跳动，那么，就应该停止练习进行休息了。

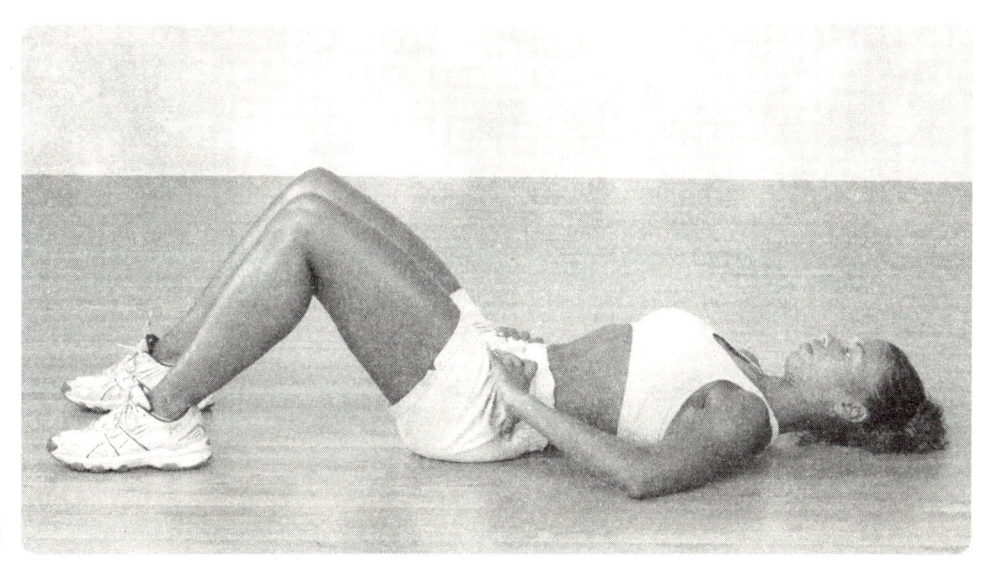

1

2

仰卧屈腿单腿伸展保持抬起练习

这项稳定性练习与前面介绍的有很多不同。躺在地上,双腿弯曲,双脚分开臀宽的距离平放在地面上,将双手放在大腿骨的位置上,感受一下身体在练习中是否可以保持平衡(图1)。

呼气,轻轻地拉动腹部的肌肉。将右脚提起1英寸(大约30厘米)。脚部悬空的时候,把腿伸直,保持其离地面一定的距离(图2),然后弯曲成初始的角度并将脚再放回地面。腿伸得越长,在核心部位保持腿部稳定和大腿骨静止就越发困难。换成左侧,然后持续进行变换,每侧一共要做15次的重复练习。

1

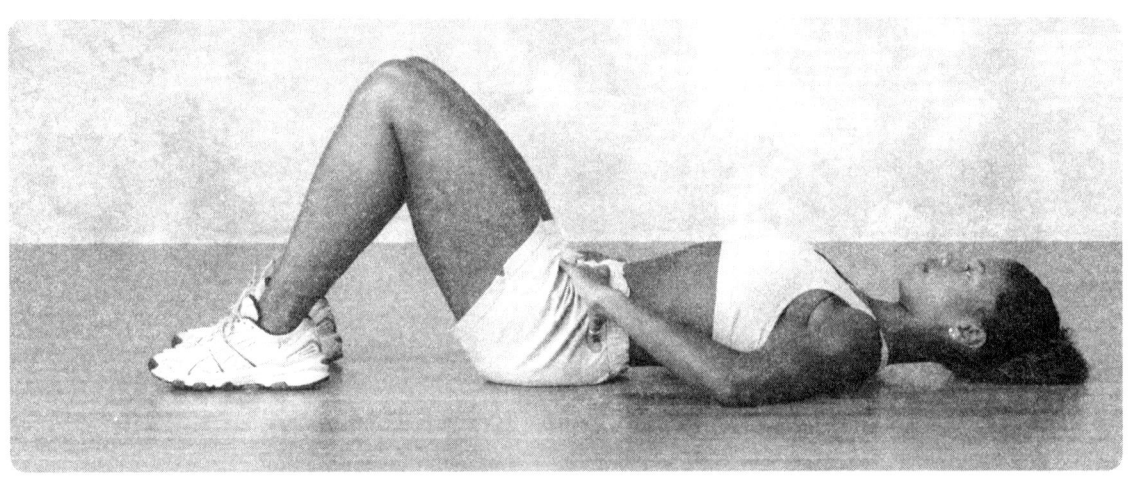

2

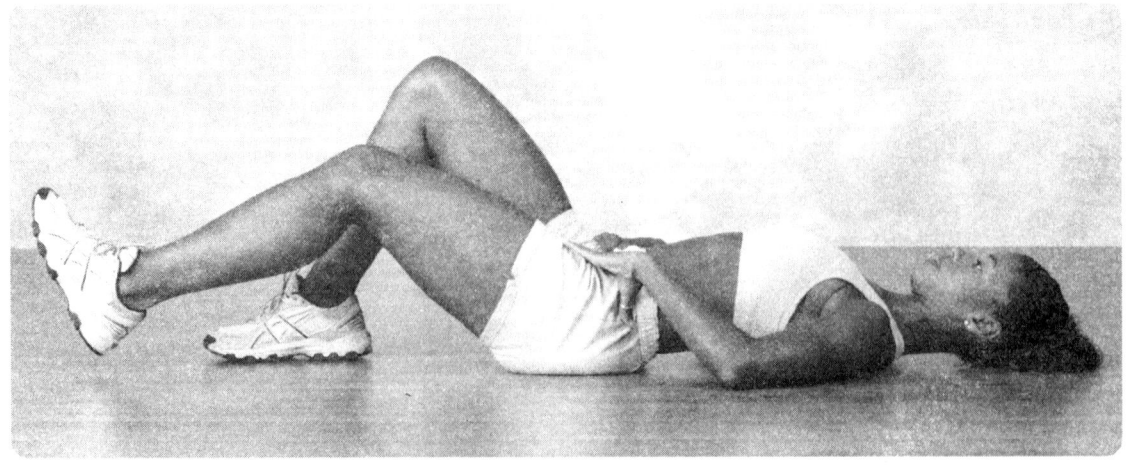

仰卧屈腿保持抬起练习

　　这项稳定性练习比前两个都要难一些，因为它要求两脚都抬离地面。躺在地上。先抬起右脚，然后再抬起左脚，既要使双脚均离开地面，同时大腿部和膝盖处均弯成90°角，这是练习开始时的状态（图1）。轻轻拉动腹部肌肉，并且在将右脚尖放下的同时保持脊柱的中立。轻拍脚尖，然后抬起至初始位置。换腿进行练习，使每一侧均要重复15次。此外，你可以通过以直腿的方式进行练习来增加难度。

利用钢索进行的变换式旋转练习

　　这是一项力量性练习，左侧靠着钢索站立；钢索可以从底下抽出。站离足够远的距离，以使身体在开始运动前就可以感受到一定的阻力。每只手都拿一只手柄。下蹲并且转向钢索的方向，从脊椎骨处开始屈身，就好像你在左脚外侧捡到什么东西似的（图1）。然后站立，双臂从身体前方穿过并向上举起超过右肩（图2）。在整个过程中保持肘部相对笔直，并且想象一条斜线正从身前划出。

异侧肢体伸展支撑练习

这项练习用来训练核心部位的稳定性。它对脊柱肌肉的训练比背靠地面躺着做运动效果更好。因为你的位置与地心引力是相反的——与躺在地上是不一样的，脊柱两旁的肌肉必须将身体举向背离地心的方向。如果你试着在整个时间内保持大腿骨的完全静止，你就会感受到这套动作是如何具有挑战性的。

摆放好四肢，手放在肩部的正下方，膝部也要恰好地处于臀部正下方（图1）。同时抬起右臂和左腿，手掌则还是保持向下的状态。保持肘部的直立，但并不封闭。笔直抬起左腿，使整个身体都处于同一直线上，并与地面平行（图2）。你的脚应该朝向地面，而腿和臀应在一条线上，而不要偏向两侧。以伸展的状态保持5分钟，然后将其再放回起始位置。两侧进行对换练习。

俯卧屈臂支撑

　　这项练习挑战核心部位的稳定性，因为，此时身体都在依靠着前臂。面朝下，然后将肘部移到肩膀的下方，以使身体的上部由前臂来支撑。使脚尖弯曲以便脚拇指肚立在地面上。现在，收腹并提臀。这样整个身体就由前臂和脚趾肚来支撑了。视线朝着地面以保证颈部的中间位置。身体从肩到脚要处于同一直线上；保证头部不向上抬起。如果身体中部感到轻微颤动要停止。尽量将该姿态保持30秒钟。你可以通过固定膝盖在地面的位置来调整该项练习。

俯卧直臂支撑练习

这项练习与俯卧撑的基本原理是相同的，除了手臂是笔直的之外，它对于手腕和上肢具有极大的挑战，但是又比核心部位容易一些，因为上身只是稍微远离地面而且重心靠近脚部的位置。

开始运动时双手和双腕都在肩部的竖直下方，肘部是直而且开放的。同时保持脊柱的中立，将一条腿伸直以便将双腿分开臀宽的距离。视线集中于地面以保持颈部的中立。身体从肩到脚要处于同一直线上；保证头部不向上抬起。如果身体中部感到轻微颤动要停止。尽量将该姿态保持30秒钟。你可以通过固定膝盖在地面的位置来调整该项练习。

侧向单手屈臂支撑

这项稳定性练习既训练身体两侧的横肌又训练身体的核心。这些肌肉包括三角肌、腰方肌（一个深层的核心部位稳定器，用来将骨盆连接到脊柱和胸腔）以及臀中肌和臀小肌（臀部外侧的肌肉）。

身体右侧靠近地面躺下，将右轴垂直于右肩，收腹并提臀。身体从头到脚要处于一条直线上。尽可能长时间地保持这一状态，至少达到 30 秒钟。左侧也要做同样的动作，你可以通过固定膝盖在地面的位置来调整该项练习。

侧向直臂支撑练习

与前述的核心部位的稳定性练习相似，这些肌肉包括三角肌、腰方肌（一个深层的核心部位稳定器，来将骨盆连接到脊柱和胸腔）以及臀中肌和臀小肌（臀部外侧的肌肉）。两者最主要的区别是进行直臂练习。虽然这种克服重力的抬身变式更容易一些，但还是通过前臂的训练来提高双臂和腕部的力量。

右侧躺下，将右手置于右肩竖直下方，将右臂伸直以使上身和臀部脱离地面。身体从头到脚要处于一条直线上。提臀收腹，尽可能长时间保持这一姿势，至少要达到30秒钟。左侧也要做同样的练习。

悬挂抬腿

这项练习在抬腿的过程中保持核心部位的静止是很有难度的。同时抬腿会使屈肌得到训练。它是一种能够增强肩部、前臂力量和握力的良好方式。抓住横杆悬挂起来,使用过头的手柄,并使双臂伸直(图1)。在保持脊柱处于中立位置的过程中收腹。将膝盖提到尽可能高的位置(图2),然后再将它们放下来。当抬起或放下膝盖时,要注意保持身体的静止状态。

坐式平举哑铃旋转

这套练习训练身体的内外斜肌,因为它们可以帮助肢体从一侧向另外一侧进行旋转。在练习中如果从脊背开始进行移动时,你应该仍然要顾及使核心部位从内而外的一般稳定性,感受到肚脐处有支持的力量。双脚位于身前坐下,膝盖弯曲。收腹时坐直,保持脊柱的中立,同时要挺胸。两手各拿一只哑铃举在身前,使双臂伸直(图1)。哑铃应该在竖直方向上进行移动。从一侧向另外一侧旋转身体(图2)。确保在整个核心部位参与旋转而非仅仅是上肢。

站姿旋转练习

这套动作训练身体的内外斜肌和深层的稳定性结构。将弹力带子缠绕在一个结实物体上大约身体中段位置的高度。左侧身面对绳子站立。在身体前方双手举绳，同时，肘部要弯曲，但不可固定（图1）。从脊柱和大腿部的位置开始向后转身，并保证双臂从开始就一直举在身体前方相对一致的位置（图2）。当身体在旋转的时候，你会感到左脚有离开地面的趋势。动作完成之后，转身，绳子位于身体右侧，然后再向左进行旋转。

1

2

立式旋转练习

　　这套动作训练身体的内外斜肌和深层的稳定性结构。将弹力带子缠绕在一个结实物体上大约身体中段位置的高度。左侧身面对钢索站立，双手抓住手柄举到身体的前方。保持肘部笔直但是不固定（图1）。向右转身，从脊柱和大腿部开始进行移动，在移动的过程中保持上肢于身前直指向前（图2）。当身体在旋转的时候，你会感到左脚有离开地面的趋势。动作完成之后，转身，钢索位于身体右侧，然后再向左进行旋转。

仰卧举腿侧向俯卧起练习

　　这套动作训练身体的腹直肌和内外斜肌。躺倒，双膝弯曲，同时双脚离地。在大腿部和膝部的位置均弯成90°角。双手向后交叉（图1）。吸气，然后在呼气的同时，使身体向上弯曲以使右肩靠向左大腿（图2）。两侧交替进行练习。

仰卧屈体练习

这项练习以训练腹肌为目标。该运动开始于身体的骨盆，因为肌肉组织是始于这里的。躺倒，同时使大腿部和膝部都成90°角。双臂置于身体的外侧（图1）。呼气的同时收腹，在从脊柱底部开始弯曲时保持低背的水平位置。保持大腿与臀垂直不变。这是与传统俯卧起练习相一致的地方。身体颈部和上身感受不到任何的压力。你越是强大，则弯曲远离地面的角度也就越大。

仰卧举腿侧向左右摆动练习

这套练习以内外斜肌和核心部位的深层稳定性肌肉为训练目标。躺好,臀部和双膝呈90°角以使双脚可以抬离地面。向外侧分开双臂,身体呈"T"字形(图1)。让左腿慢慢地向左落下,在刚好到达地面的同时停止,利用收腹来控制整个运动过程(图2)。吸气,然后再将左腿抬回到中心位置的过程中呼气。试图以尽可能小的幅度推动双臂。你可以通过将双腿伸得稍直一些来提高练习的难度,这样小腿会变得更直。

背部伸展练习

　　这项练习训练脊柱周围的伸肌。当你将上身抬离地面的时候,需要臀肌来协助身体保持静止。面朝下平躺,双臂置于身体的两侧。手掌反转朝上(图1)。在可以承受拉力的前提下,将上身尽可能高地向上提起。同时,把肩向后向下拉开,视线要朝着地面以保证颈部的中立位置(图2)。向上举5秒钟后,放下身体。这项练习可以通过抬升上身的同时增加抬腿动作来提高难度。

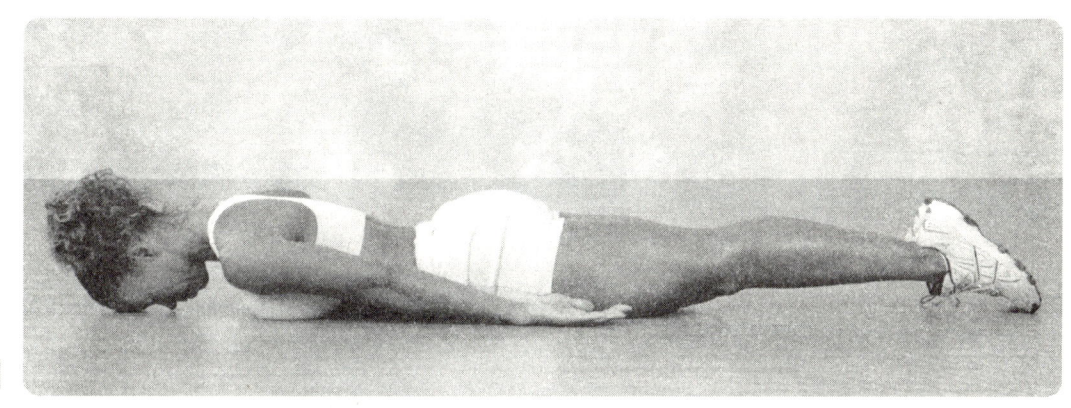

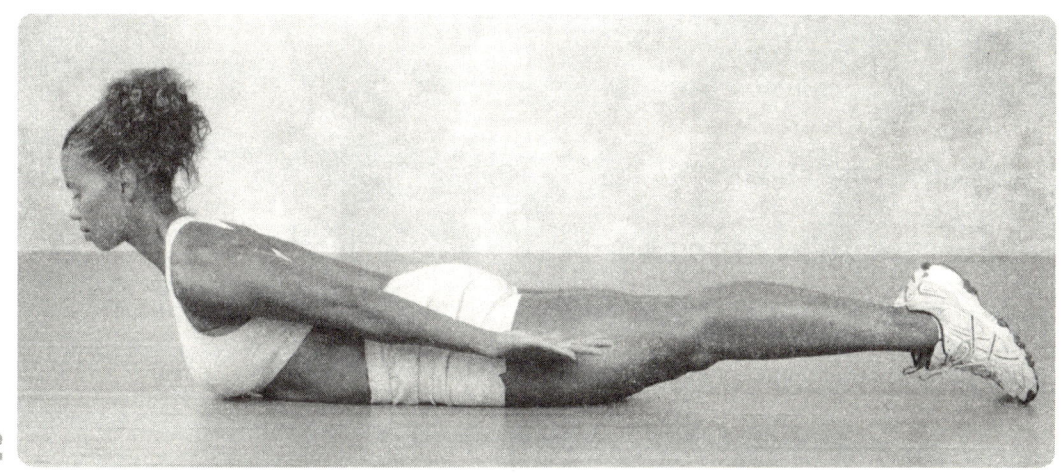

平衡球的俯卧起练习

这项练习可以训练腹肌，运动起始于肌肉群的顶部。它也对那些在运动中使身体静止于固定球的臀部周围肌肉有所刺激。坐在球上向前移动，直到后背躺在上面。球的体积大小应足以使你感到张力，或者在躺下的时候可以使前身完全打开。从球处于背部低处开始练习。将双手放在脑后，在练习的整个过程中都要保持颈部的放松（图1）。向上屈身时呼气，尽量达到最大的幅度（图2）。可以通过伸直一只或两只手臂来增加练习的难度。

在平衡球上持球仰卧练习

这项练习可以训练腹肌，运动起始于肌肉群的顶部。它也对那些在运动中使身体静止于固定球的臀部周围肌肉有所刺激。举一只实心球来额外地增加阻力。将其举的距离越远，其练习的难度也就越大。

后背躺在固定球上然后向前移动。球的体积大小应足以使你感到张力，或者在躺下的时候可以使前身完全打开。两手举着健身球同时保持颈部的放松（图1）。开始时可将健身球放在胸部的位置，然后进一步将它移至额前最后举过头顶。尽最可能地向上弯曲身体，同时伴随着呼气（图2）。

1

2

平衡球上的滚撑练习

　　这套动作训练整个核心部位，因为必须通过它来克服重力后才能使身体稳定在球上。此外，这项练习对于肩带和肩关节也会有所刺激。面朝下身体靠近球。将前臂放于球的顶部，同时将肘部置于肩膀的竖直下方（图1）。将膝部变直，同时抬起脚尖（图2）。保持在该位置不动，或者在小范围内活动一下手臂，要做几次不同方位的固定球练习。

蟹走练习

这套动作以训练核心部位为目标，同时对双臂的练习也有好处。因为双臂在协助身体向上运动来克服重力。开始的姿势与做俯卧撑一样，将双手置于双肩下部，双臂笔直，同时立起脚尖（图1）。立着双臂移动双腿做向右运动（图2）。在"行走"5~10步之后再返回到左边。保持臀部向下，以使整个身体处在同一条直线上。双手离肩部越远，任务难度越大。

立式绳索斜下拉练习

这套动作训练所有的核心部位的肌肉。将锁链固定在肩高的位置。以左侧临近锁链站立。双手握住手柄。双臂直立向左旋转（图1）。在朝着右大腿的方向拉伸锁链的同时要伴随着呼气，同时使上身旋转（图2）。

12

下半身训练

下半身运动包括臀部、膝盖和踝关节周围的肌肉。

● **臀部**。臀关节的位置大约在股骨或大腿骨与髋臼连接的地方,也就是骨盆深窝的位置。臀部的运动包括弯曲,即把大腿和核心部位在体前靠拢,还有舒张,即使二者分开,从根本来讲就是使腿向身后移动。外展是将腿向外侧移动,即远离身体的中线,内收则是将其向身体的中线靠近。大腿外旋是将整条腿向外旋转,内旋则与之相反。

弯腿动作是由髂腰肌肌群和四头肌之一股骨直肌共同产生的。腿部伸展是由臀大肌和腿筋一起来完成:包括二头肌、半腱肌和半膜肌。臀中肌和臀小肌以及耻骨肌使大腿外展,长收肌、短收肌以及骨薄肌构成了内收肌群。外旋是由梨状肌、内收肌、外收肌、闭孔内肌、闭孔外肌和股方肌共同完成。内旋也是由一些肌肉来控制的,包括收肌、臀中肌和臀小肌。

臀部周围的肌肉可将腿移动到指定的位置,与保持多个骶髂关节一起下蹲或前冲时的稳定性一样。骶髂关节的位置处于骶骨、三角骨和脊柱底部从各侧在盆骨相聚的部位,正好在臀肌的中间。

- **膝关节**。膝关节位于股骨或大腿骨与由下而上的胫骨和膝盖骨或膝盖之间的位置。在膝处的运动包括舒张和弯曲。其弯曲动作是通过腿筋来完成的，而舒张则是由四头肌来协助，包括股骨直肌、股外侧肌、股内侧肌和股中肌。
- **踝关节**。踝关节是胫骨、腓骨和踵骨相遇的部位。在这个关节处的运动包括背屈和内屈，前者即减少胫与足之间的角度，后者即增加二者之间的角度。还有两种运动是倒置和外翻。倒置是指通过抬脚来将身体的重量集中在外侧，而外翻则正好与之相反。俯卧和仰卧的动作会同时涉及到三个平面。发生在足与踝相遇的距下关节。这些我们已经在第4章讨论过了。一般来讲，当身体呈拱形的时候，如果小腿内旋则是俯卧，向外旋则是仰卧。

在踝关节处发生的主要运动是源于前胫和足底弯曲的，是由小腿肌的腓肠肌和比目鱼肌以及后胫共同产生的。倒立、外翻、俯卧和仰卧构成了完整的动作，这意味着很多肌肉将参与到运动中来。

这本书中提到的所有练习都可以使下肢得到很好的训练。其中一些下肢练习是针对特定肌群的，而另外的则可能会使下肢同时得到整体训练。本章中的第一项练习是指那些一次可以训练多个肌肉组织的方式——各式各样的收缩和拉伸；使用极限重量的举重练习；利用固定球对身体进行的架空练习。接下来是抬脚跟练习的环走练习，是以训练特定肌肉组织为目标的。最后是压腿（活动整个下肢）和拉腿（以四头肌为训练目标）练习——所有的这些练习都是在健身馆里使用传统的器械来发展下肢运动能力的良好方式。

三种主要的下半身练习方式包括下蹲、冲击和架空。

- **下蹲**。下蹲是一个功能性练习的例子。与日常训练十分相似。为了坐在椅子上，你必须要做的一件事就是下蹲。许多人认为下蹲会伤害到他们的膝盖，这种错误源于不正确的下蹲姿势，即在弯曲膝盖的时候将臀部推后。这会对膝盖造成过度的压力并会妨碍身体承受那些合理的力量。下蹲最好的方式是牢记运动中同时只移动三个关节——踝、膝和臀。身体不同部位的运动就意味着要对其进行协调、连续，并且缓冲从外界施加到身体上的力量。一个下蹲的动作使所有的下肢在同一时间内都运动起来。在训练中下蹲时，应该往下蹲到大腿与地面平行的程度，或者是做到在脊柱偏离中线之前或上身向前倾斜太多以至于丝毫都无法直立了为止。
- **冲击**。与下蹲一样，冲击运动也可以使整个下半身在同一时间内运动起来，但与之不同之处在于，冲击时要求双腿向与臀相反的方向移动，并且要求利用核心肌肉在运动中固定骨盆。

训练中加入复合式冲击可以提高身体的适应性，并且能够帮助身体进行日常的练习，如上下楼梯，向前迈步探到固定物体，甚至包括一些运动练习如网球等。在做基础冲击练习时，双脚分开与臀同宽的距离站立。右脚向后迈出2~3步的距离（0.6~1米）。保持脊柱中立的同时使双膝完成90°。向后移动更远的距离。前脚跟要从开始就一直固定在同一位置上，后脚跟则需向上提起脱离地面。

- **架空**。架空运动是用来帮助骶髂关节的，同时也可以增强臀肌和腿筋的力量。你会很快地发现自己可以做出各种各样的架空练习。在具体运动的过程中，面朝上躺在地面上，双腿分开臀宽的距离，同时双膝成90°，保持脚部放在地面上。把脊柱保持在中心位置，然后在提臀时呼气，降臀至地面时吸气。可以做单腿或双腿的架空练习，而且还可以通过把上身或下身置于固定球上来提高练习的难度。

持哑铃自由下蹲练习

　　这套动作训练身体的整个下肢部分。双脚分开，臀宽至肩宽的距离，双脚前伸放置。每只手举一只哑铃（图1）。在弯曲膝、踝和大腿的同时吸气，并向下蹲（图2）。你可以感到胫骨向足踝发生了轻微的移动，并且在大腿弯曲的同时，大腿的上部向上提升回到了原位。在大腿与地面平行或者身体即将要失去平衡时站回原位并呼气。

负重半蹲练习

　　这套练习训练身体的整个下肢部分。因为你在用上斜方肌来举杆，并且在做动作的过程中需要用身体来稳住横杆，同样它对于核心部位的练习也会起到一定的作用。因为虽然是依靠上身来承受横杆的重量，但却是通过整个下身来进行动作的。要使用一个相对重一点的重量来进行练习——确保比单手可举起的最多的重量还要大。正是由于这个原因，当你举起一个具有挑战性的重量时，会感到心率的加快。

　　将横杆放在支架上稍低于斜方肌的位置（或稍低于双肩的高度）。最好的位置是你略微下蹲就可以将其放在肩上然后置于脑后的高度。在开始运动之前，将器械放在适当的位置，如果你在需要停止练习时可以轻易地将其安全地放在架子上并可从下面转过，就说明这样的高度是合适的。同样要确保横杆两端的项圈是安全的，这样它就不会滑出来了。

　　站在镜子前面，将杆置于肩上。一手抓一头，两手分开 1.2 米的距离，即比肩宽稍大一些，指关节朝前。向上举起横杆使其脱离支架，后退一两步准备开始练习。两脚分开臀宽或肩宽的距离，脚趾向前（图1）。屈踝、臀和膝的同时吸气（图2）。当大腿与地面平行或者在脊柱开始偏离中线之前，重新直立身体并且呼气。完成动作之后，向前迈步将横杆放在支架上，轻微下蹲以便后退而远离横杆。

单腿下蹲练习

　　这套动作训练腿部。因为只使用单腿进行运动,对身体的稳定性具有很大的挑战——你会感到膝盖有向下弯曲的趋势。照着镜子做做单腿下蹲会很有帮助,下蹲时要尽可能地做深度下蹲。

　　双脚合并站立,并且要竖直朝前。将左腿提起并贴近右脚,但二者之间不可产生推力(图1)。将双手放在双臀两侧,同时弯曲右踝、右膝和右臀(图2)。在向地面下蹲的时候注意将臀部向后推出。弯曲时,保持右膝与右脚在同一直线上,并且右腿不可向内陷入。下蹲直至右大腿与地面平行,或者腿部开始从脚或膝处内陷。做完后进行右腿的重复练习,两侧交替进行训练。

1

2

异侧手臂抬起的单腿下蹲练习

　　这套动作能提高全身的平衡性。因为用一条腿站立同时移动对侧上肢时，会使身体朝着不同的角度产生移动的倾向。这类单腿下蹲练习的幅度会比单纯下蹲要小，因为在运动中要结合平衡性的训练，这增加了练习的难度。抬起左腿并使其与右腿靠近，但不要形成彼此之间的推力。将右手放在右臀的部位，左手则轻放回体侧。同时屈右踝、膝和臀；向地面下蹲时将臀向后推。同时左手于腰高处从体前穿过。再次下蹲时，从略高的高度穿过体前伸展左臂至肩高的位置（图2）。第三次下蹲时，手臂要朝右脚的方向从低处穿过身体。不断地在高、低、中之间进行变换。每次下蹲要达到大腿与地面平行的程度，知道腿部从踝或膝处向内陷入，或者知道无法再保持平衡位置而需要将左脚放回地面为止。确保右膝和右脚在同一直线上。完成动作后两侧交换进行练习。

1

2

蹲跳练习

这套动作可以训练整个下肢，并且通过增加跳动来提高难度。跳起对于骨骼密度会产生有利影响。在日常生活或参与体育训练的过程中，它可以提高关节和关节周围的本体感受器承受压力和抵抗位置变化的能力。但是最重要的一点是，在训练计划中增加了跳动时一定要注意安全。想想跳绳运动吧——即便它产生的影响很小，虽然你一点也不必向下弯曲太大的幅度。这需要精确到如何进行蹲跳练习。

开始时，双脚竖直向前站在下蹲的位置，二者分开肩宽至臀宽的距离。将手放在臀部，略微下蹲（图1）。全身向上跳（图2）。缓慢落地，从膝部、踝部和臀部弯曲，你要注意落地时一定不可使膝内陷。如果内陷了，你就需要更多的单腿下蹲练习来加强腿部的力量。你也可以做一些结合走路的练习，在本章稍后的部分中会讲到。落地时要相对轻一些，那将意味着你的身体有很好的承受能力，也说明此时的关节是很放松的。

如果你可以在一次下蹲跳落地后保持2~3秒钟不内屈或失衡，那么，你就可以在每组中做3~5次的重复练习。如果可以很好地完成5次以上，那么可以尝试做更大幅度地下蹲跳了。但是还需要从重复3~5次的小组练习开始。这是安全练习的一个重要原则——如果通过增大练习幅度来提高难度的话，就要减少重复的次数了，直到可以很规范地完成当前练习，然后再继续练习。最多只能做8次的重复练习。需要明确的一点是，练习的次数越多，想要以大难度进行练习就会越发困难。

负重箭步蹲起练习

　　双脚与臀同宽站立，将哑铃举在身体的两侧。左脚向前移动两步（0.6米，图1）。如果膝部弯曲时它们均位于右侧，则说明所迈步伐的幅度是正确的。双膝弯曲，直到大腿与地面平行时停止（图2）。保持上身直挺，并在同一位置进行上下举哑铃动作。当身体降低时右脚跟会脱离地面，但位于前方的左脚后跟仍然放在地面之上。完成重复动作之后换另一侧进行练习。

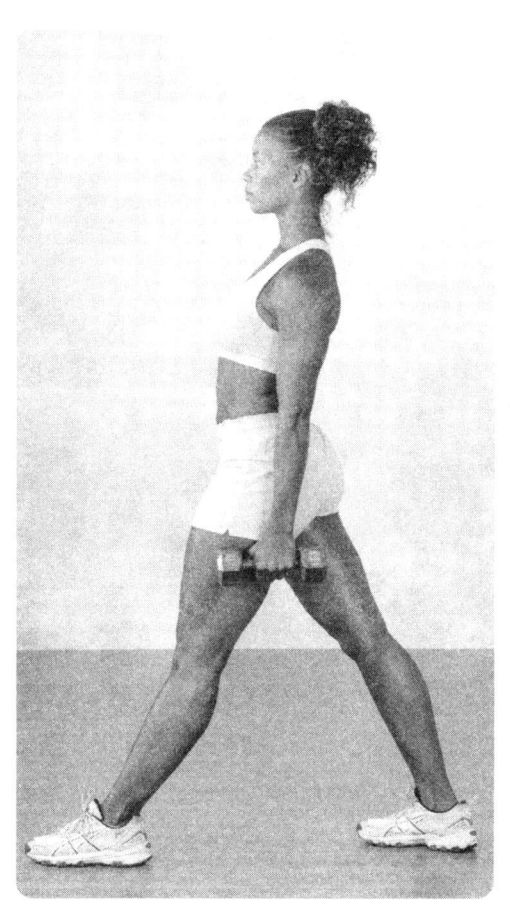
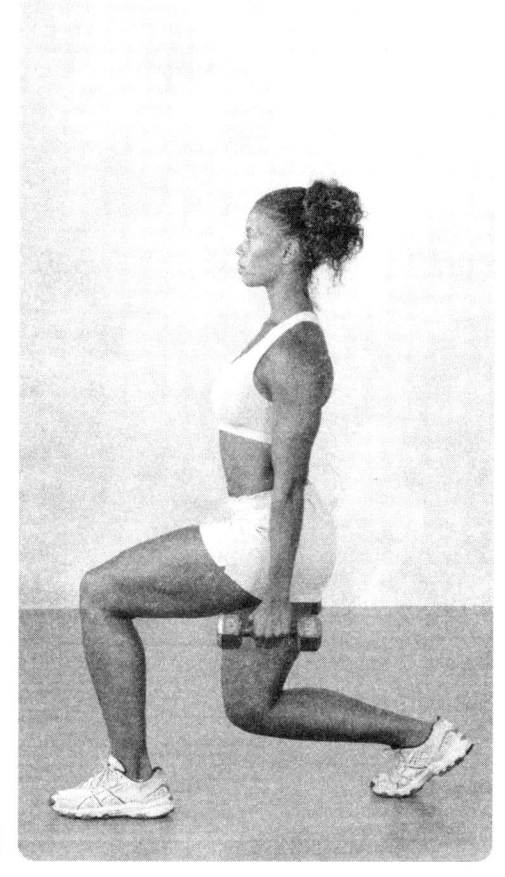

持哑铃倒向箭步练习

　　这套动作训练下肢。向后迈步意味着比单纯的冲击练习对本体感受器（帮助你感受自己的空间位置）形成更大的冲击。双脚分开与臀同宽站立，将哑铃举在身体的两侧，左脚向后迈出两步的距离（图1）。如果屈膝时两者同在右侧，则说明迈步的幅度是合理的。双膝向地面弯曲，直到右大腿与地面平行为止（图2）。右脚踝在身体下降时会静止于地面。保持上身的直立，左脚向前迈出以准备开始下次的重复练习。完成动作后换另外一侧进行重复练习。

持哑铃箭步走练习

　　这项练习训练整个下肢部分。在这类的冲击练习中，走步会额外增加难度。双脚分开臀宽距离，将哑铃举在身体的两侧。右脚向前迈出两步（0.6米）。如果膝部弯曲时它们均位于右侧，则说明所迈步伐的幅度是正确的。双膝向地面弯曲，直到右大腿与地面平行为止（图1）。保持上身直立，放下右腿（图2），并将左腿向前移到右脚的位置再次回到双脚着地的状态。现在，左脚向前迈出，开始做下一次的冲击练习。当能把这套动作做得很好时，可以在换步前冲时不加停顿地进行呼吸调整和保持平衡。

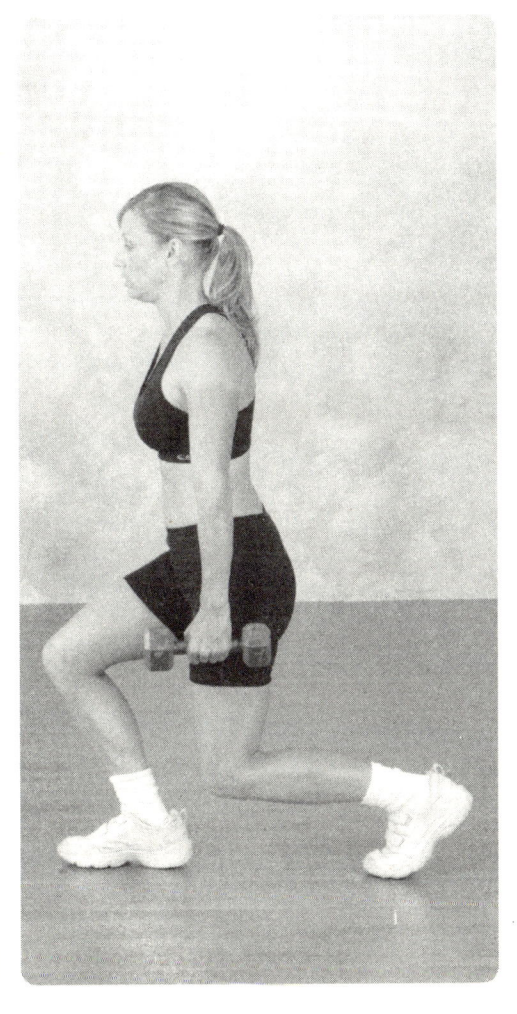
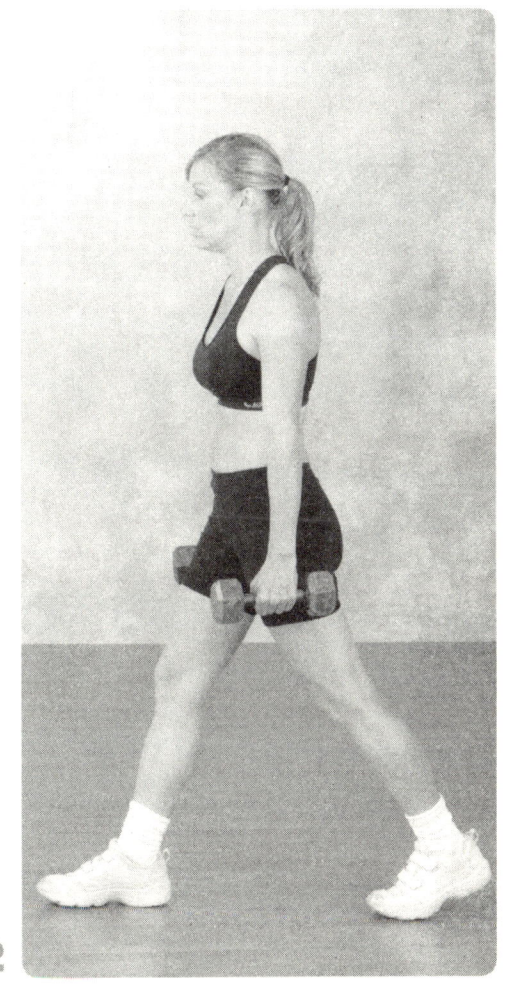

持健身球的旋转式箭走步练习

　　这项练习比较完整。冲击任务发展整个下半身，举健身球旋转练习则发展核心力量。这是一项非常有效的运动。因为在日常生活中，我们需要在同一时间内将上半身和下半身向不同的方向移动，符合常规的复合式旋转对脊柱的稳定性非常有益处，而且有助于保证低背的健康。选择大约为身体体重5%的球进行练习。比如，你的体重是60千克，则要选3千克的球开始进行训练。

　　双脚分开与臀同宽，将健身球举到身体前方大约腰部的位置。右脚向前迈出约两步（0.6米）的距离。如果弯曲膝盖时它们均在右侧，则表明步子的幅度是合适的（图1）。迈左腿时，将上身向右旋转。确保是整个上半身的旋转而不仅仅是上肢从一侧移向另外的一侧。双膝弯向地面，直到右大腿与地面平行为止（图1）。保持上半身直立，右腿下移。然后将左腿移到右腿的位置，双脚着地站立。现在左脚向前迈进一步（图2）。左脚前迈进行冲击练习时，整个身体向左旋转。当能把这套动作做得很好时，可以在换步前冲时不加以停顿地进行呼吸调整和保持平衡。

持哑铃横冲式练习

这项练习训练整个下肢部分，尤其可以强化内收肌或大腿内侧的肌肉，在迈步时它会向相反的方向拉伸。传统的练习方式会使我们向前和向后进行多次的重复练习；在训练中加入一些横向练习也是很重要的。

双脚分开，与髋同宽，脚尖朝前，平行站立。双手各持一只哑铃（图1）。右脚向右迈出略小于1米。右膝弯曲，提臀，同时左腿伸直。右脚尖斜朝前，右手持哑铃放于右腿左或右的任意一侧（图2）。上身再次伸直，并返回到起始位置。左侧进行重复练习并不断地交换。思考这项动作的最好方式是想象自己站在一个钟表的中间。如果做右冲击练习，就好比在向3点迈进，向左做冲击练习则有如向9点迈进。

持哑铃箭步旋转练习

这项练习训练整个下肢部分。沿水平横向进行练习，在迈步的同时进行旋转，活动了身体外侧的臀转肌。这些肌肉连接在骨盆的内部或周围，对骨盆和骨盆面的连接有所作用。

双脚臀宽分离站立，每只手举一只哑铃（图1）。向左转身并将左腿前伸到身后的一点，就像前述练习那样把腿指向想象出的钟表的7点位置（图2）。返回开始时的位置。现在向另一侧转身，并将右腿指向5点的位置。

对钟上的冲击练习进行变换时，可以将横向冲击与旋转相结合。在运动中，右腿伸向3点的位置做横冲练习，然后返回中心，将右腿指向5点做旋转练习，然后也返回中心，最后左腿停在9点做横向的冲击练习。接着做逆时针方向的重复练习。

1

2

箭步跳练习

　　这项练习训练整个下肢部分，其难度来源于增加的跳起。站在冲击的位置，双脚分开臀宽的距离，并且均指向前方，前后相差两脚的距离（0.6米）。如果弯曲膝盖时它们均在右侧，则表明步子的幅度是合适的。双手放在臀部，缓慢向地面下蹲（图1）。然后全身向上跳起（图2），接着缓慢着地。

　　要注意的是，在落地时不可使膝部内陷。如果膝盖内陷了，则需要更多的下蹲练习来强化腿部的力量。你也应该多做一些，稍后一节中将要讲到的环形练习。在落地时要相对轻一些，这才能说明你身体的缓冲能力是很好的，关节处也比较放松。完成一侧的重复练习后换另外一侧进行练习。

　　如果在做跳冲练习中，落地后可以保持平衡不摔倒持续2~3秒钟的话，就可以将在一组练习的次数提高到3~5次。如果可以在一组内重复5次以上高质量的练习，就能试着做一些更大幅度的练习，但必须仍从重复3~5次开始。这是练习的安全原则——增加难度的同时要减少强度练习，直到完全掌握为止，才可以继续练习，但最多也只能做8次重复。重复的次数越多，使其幅度增加的难度也就越大。

持哑铃的台阶练习

台阶练习训练整个下肢部分，也可以通过创造条件来提高对关节的刺激程度。台阶练习时，应该站在较低的平面上，如一脚高的台子或户外路缘高度的台子就比较合适。练习的次数越多，可承受的高度就越大。高度的合适与否，可以通过在练习过程中站于其上的身体中部是否平衡来进行判断。在抬左腿的同时要注意不可提臀。

选择高度为 24 ~ 36 厘米的台阶或固定盒来进行练习。面朝台阶站立，将哑铃置于体侧。右脚站在台阶上（图 1），接着再放左脚（图 2）。保证脚底面全部都站在了台阶上。右脚下来后左脚再下来。一次练习之后，先抬左脚进行练习。慢慢地、平静地进行训练，使核心部位逐渐地变强壮。

负重直腿硬拉练习

　　这项练习训练腿筋和臀肌。对低背在运动中保持稳定也是一种挑战。极限举重运动是一项可以教会你如何从臀部而非脊柱的位置进行运动的良好方式。在运动前先感受一下，右侧面对着镜子站立。保持膝盖的笔直而不封闭，从臀部开始向前倾斜身体。你会发现在身体前倾时低背部轻微弯曲的状态并未发生改变。

　　双脚直指向前站立，分开与臀同宽的距离，并保持双膝的笔直和稳定，但不固定。将杠铃下举置于身体前方，双臂笔直，一手从杠铃上面抓握，另一只手从下面抓握（图1）。保持脊柱的中立，从臀部开始前倾（图2）。在保持低背部自然弯曲的前提下尽量向远处伸展——前倾时你看不到背部曲线有任何的变化。呼气的同时竖直立起。

下身在平衡球上的支撑练习

　　这项练习训练臀部周围的肌肉，包括臀大肌、臀中肌和臀小肌。它对于身体的内收肌和核心部位也很有作用，因为二者均会使身体在运动中保持平衡。

　　躺下，将腿放在球上并笔直地伸出。球的体积越大，这项练习的难度也就更大。开始时将背部固定在球上。当你可以较好地完成该动作时，可将球体向远离下肢而靠近脚踝的方向移动。将双臂向外伸出使身体呈"T"字形摆开（图1）。保持脊柱的中立，将臀部抬离地面（图2）。试图在不推上肢或拉紧颈部的前提下来做练习。当练习变得容易时，可将双臂向靠近身体的方向移动。

1

2

上身在平衡球上支撑的桥练习

与前述练习相同,这项练习也是以训练臀部周围的所有肌肉为目标的。但是在这里你需要保持身体在球体上的平衡,这就对核心部位提出了更高的要求。选择一个足够大的球体,使得身体靠在上面时大腿可与地面平行。

坐在球体上开始练习。向前迈步,上身会靠在球体上。继续向前,直到肩部和头部靠在球上,保证脖子在中间位置。双脚分开臀宽的距离,双膝弯成90°。将手放在臀部或者在胸前交叉(图1)。保持脊柱的中立,将臀部下移到大约中间的高度(图2)。呼气的同时将其移回原位。

1

2

仰卧屈腿支撑的桥练习

这项练习训练身体的臀大肌和臀部周围的其他一些肌肉，如（臀中肌和臀小肌），对内收肌和核心部位也有作用。背靠地面躺下，双膝弯曲。双脚着地，与臀同宽分开。将左脚上抬并保持（图1）。保持脊柱的中立，呼气并提臀（图2）。继续上提到足够高的程度以使身体从胸到膝处于同一直线上。

1

2

绑缚走练习

这项练习训练身体的臀中肌。与第 4 章提到的一样,多数的臀中肌比它应该具有的水平更弱一些。如果你注意到了第 4 章附加讨论中提到的将该肌肉单独训练是个很好的想法,如轻易地使大腿内收或者迅速地抬脚或内收整条腿一样。

拿起单个圆形绳索或者绳索的一头将其圈成一个环形。这个圆应该足够小到站入其中时双脚分开臀宽的距离即可感受到外力。将其放在小腿踝关节上面。如果在练习的过程中膝盖内屈,则需将环移到膝盖上部大腿的周围。保持膝部松软。将手放在臀部的两侧,并向左走 10 步,然后返回。在行走的过程中保持臀部静止,不能在向另一侧移动时将其提起。如果你感到这样做很困难时,将绳索放松一些或者移动的步幅要减小。

负重单脚提踵练习

这项练习训练身体的腓肌（如腓肠肌和比目鱼肌）。双脚脚跟悬在抬高表面的边缘。左手拿哑铃，如果必要的话，可以在右手里拿一些东西来维持身体的平衡。双脚放在恰好彼此靠近的位置，然后抬起左脚并与右脚靠近（图1）。抬起右脚后跟（图2）。完成重复练习后换对侧进行练习。

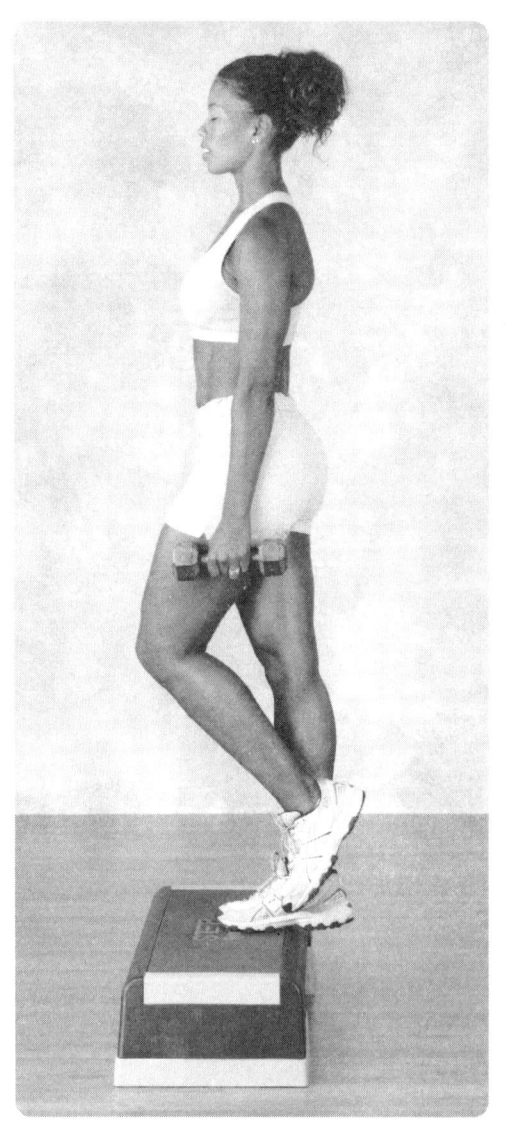

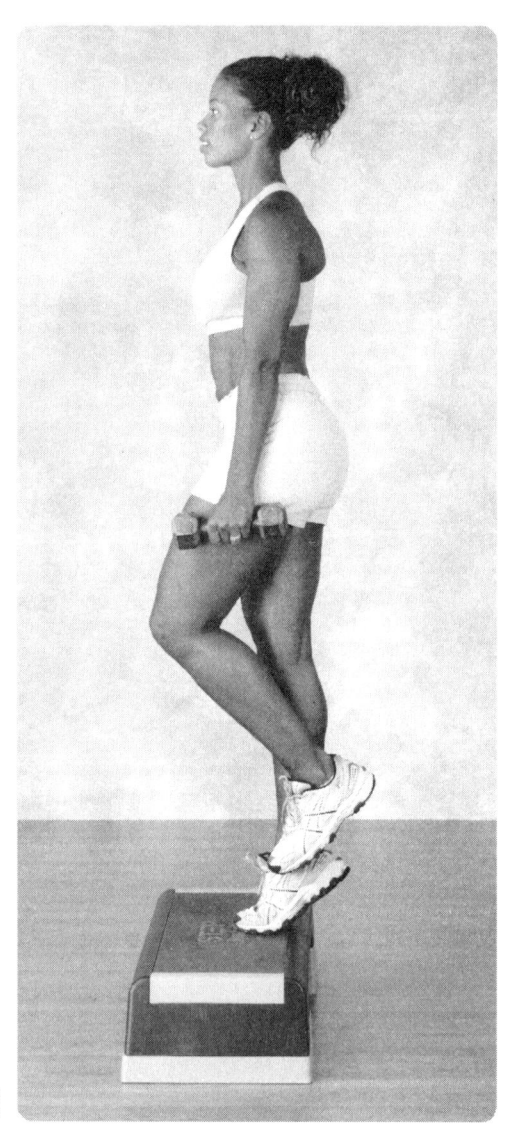

负重单脚支撑的绕踝练习

　　传统的脚跟抬升练习直指向前，但是，在下面的这种变式中需要将其转向腓肠肌和比目鱼肌周围的背部胫神经肌肉。胫神经肌肉是行走在胫骨或胫骨后面的深层肌肉，在脚部的下面帮助支持身体的脚弓。和第 4 章中所提到的一样，如果脚弓有内陷的趋势，你需要进行有规律地练习来保持肌肉的强健。通过将脚步向内旋转来进行转化，就像背部胫神经肌肉那样，帮助其他的小腿肌完成足拓反射。

　　双脚脚跟悬在抬高表面的边缘。左手拿哑铃，如果必要的话可以在右手里拿一些东西来维持身体的平衡。双脚放在恰好彼此靠近的位置，然后抬起左脚并与右脚靠近。使左脚向内旋转，脚趾向右旋转的时候保持脚部的平衡（图 1），同时抬起或放下左脚后跟（图 2）。完成重复练习后换对侧进行练习。

腿蹬练习

　　这项练习训练整个下肢部分，尤其是对四头肌。在健身馆里可以看到各类的腿推练习器材，一些是坐式移动练习器，另外的一些则是在推动的过程中出现分离的器材。这部分的讲解是以后一类器械为基础的，但是座子设计的原理是基本相同的。

　　在进行腿推练习时，保持双脚竖直向前并以臀宽的距离分开是十分重要的。保持颈部的中立——下颚不可太过靠前。坐在腿推仪的座位上，并将双脚放在踏板上面。调整座位以便于使大腿在动作开始前贴近身体，但是在降低重心的同时，仍然需要保持脊柱的中立。注意防止大腿上部向下弯曲。将双脚放在踏板上以便于使双膝从正确的角度开始练习，并保证二者之间的距离与臀同宽（图1）。呼气的同时，向外伸直膝部并将踏板向外推。一直推到膝盖伸直为止（图2）。在保证大腿上端向下弯曲的前提下允许踏板返回到初始位置。

单腿蹬练习

在进行该项练习时，确保颈部位于中间的位置——下颚不可太过靠前。坐在腿推仪的座位上，并将双脚放在踏板上面。调整座位以便于使大腿在动作开始前贴近身体，但是在降低重心的同时仍然需要保持脊柱的中立。将双脚放在踏板上以便于使双膝从正确的角度开始练习，并时刻保持二者是相互靠近的。抬起右脚并将其举到离踏板 7 或 8 厘米的高度（图 1）。呼气的同时，向外伸出右腿同时向外推踏板（图 2）。在用右腿进行练习的过程中要固定左腿。一只外推踏板直到膝部完全伸直为止。在运动中要保持臀部的静止。完成重复练习后，换左腿继续进行。

腿部伸展练习

这项练习以训练四头肌为主，即大腿内侧的四块肌肉。与前面提到的同时训练下肢多个部位的下蹲和冲击练习不同，它训练的是独立的肌肉组织。用膝盖来上调器材的旋转轴以调整座位的高低（就在器械座位的前面），膝盖骨后面的位置。胫部的垫子应该在踝上部几十厘米处。做练习时如果它没有沿着胫向上或向下移动，就说明它的位置是正确的。

在器械的垫子上坐直（图1）。呼气，并从膝盖处将腿伸直（图2）。然后，将腿放回到初始位置。

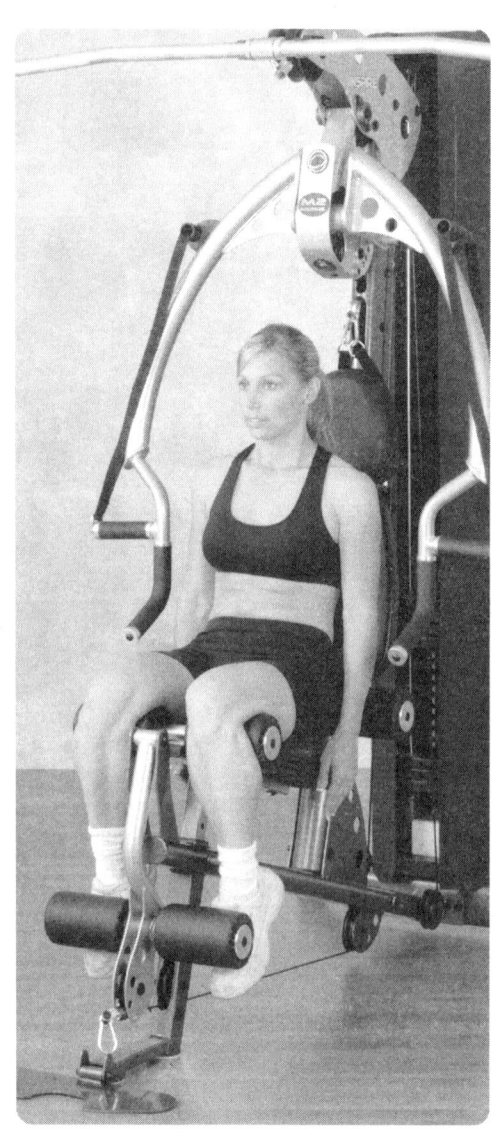
1

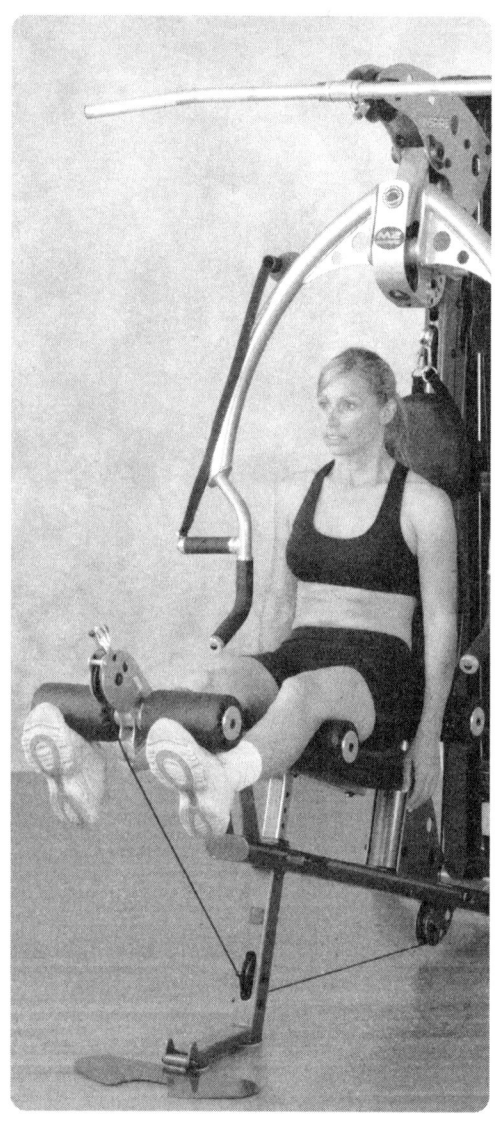
2

作者简介

安妮特·朗（Annette Lang）自 1996 年开始在瑞德伯克（Reedbok）大学任教，致力于面向健身专家与消费者的教育项目研发。她也是纽约运动会、克润持（Crunch）健身协会和众多健身俱乐部的常务顾问。在国际健康大会及世界健康概念大会上她也是一位具有号召力的演说家。她通过网站提供教导及在线课程。自 2000 年开始，她担任健康杂志为健康俱乐部设立的健康事业 NOVA 奖励基金会评委。安妮特·朗与 "NBC 今天秀" 的旅行编辑彼得·格林伯格（Peter Greenberg）在运动与美食节目中一同工作。安妮特·朗也写过《产前与产后训练迷》（Benefit Health Media, 2006）一书。

安妮特·朗还通过了国际运动医师学院（NSCA）、国际强度与条件协会（NSCA）和美国训练理事会（ACE）的个人培训师资格认证，同时她也获得了健康教育的硕士学位，她常住在纽约的布鲁克林，在纽约市从事私人教练工作。

版权声明

书名：Morning Strength Workouts

Copyrighy©2007 by Annette Lang

All rights reserved. Except for use in a review, the reproduction or utilization of this work in any form or by any electronic, mechanical, or other means, now known or hereafter invented, including xerography, photocopying, and recording, and in any information storage and retrieval system, is forbidden without the written permission of the publisher.

版权合同登记号：图字 01-2008-0627

图书在版编目(CIP)数据

力量晨练/(美)朗著;张册,张晓利等译.-北京:
人民体育出版社,2011.3
(晨练健身系列丛书;4)
书名原文:Morning Strength Workouts
ISBN 978-7-5009-4011-1

Ⅰ.①力… Ⅱ.①朗… ②张… ③张… Ⅲ.①力量-
身体训练 Ⅳ.①G808.14

中国版本图书馆 CIP 数据核字(2010)第 252855 号

*

人民体育出版社出版发行
三河兴达印务有限公司印刷
新 华 书 店 经 销

*

787×1092 16开本 14印张 300千字
2011年3月第1版 2011年3月第1次印刷
印数:1—5,000册

*

ISBN 978-7-5009-4011-1
定价:29.00元

社址:北京市东城区体育馆路8号（天坛公园东门）
电话:67151482（发行部） 邮编:100061
传真:67151483 邮购:67118491
（购买本社图书,如遇有缺损页可与发行部联系）